幸せになろうね

新宿の母　栗原すみ子

新宿の母が伝えたいこと

しあわせに
なろうね

栗原すみ子

はじめに

〜しあわせになりたいあなたへ〜

私が、新宿の街頭で鑑定をはじめてから60年が経ちました。占い師としては、その1年ほど前から、銀座、渋谷、池袋、中野、大宮、川崎、横浜などの繁華街で、お店が閉まったあとにおみくじの台を置かせてもらい、買ってくれた人には無料で占ってあげる、といったことをしていました。その頃は、多いときで1日200人から300人ぐらい占ったこともありましたよ。そして、最後に辿り着いた街が新宿だったんです。その間、いろいろなことがありましたけれど、頑張って続けてきてよかったと、今は心から思っています。

新宿を拠点にして鑑定をはじめることになったのは、亡くなった先輩占い師のあとを引き継いで、「新宿でやってみないか?」と言われたから。新宿は私にとって特別な街。洋裁で食べていこうと通った学校もありますし、布地を買いに行った生地屋さんもあります。映画館や百貨店が立ち並び、一見おしゃれな若者の街だけれど、一歩裏に入れば、赤線や青線と呼ばれた、夜のおねえさんたちが売春をしている地帯がある。極道の人たちもいる。私がここで占いをしているのを快く思わないお巡りさんもたくさんいる。この街で生きていくには覚悟を決めなければいけない……と、身が引き締まる思いでした。でも、もともと負けず嫌いの性格だから、「負けるもんか! 私には私のことを頼りにしてくれるお客さんたちがいる!」って、新宿の街で生き残っていく決意をしたんです。

それからは、毎日朝から夕方まで飲まず食わず、トイレにも行かずに必死で鑑定を続けました。だって、暑い日も寒い日も、雨の日も雪の日も、皆さんがずっと並んで待っていてくださるんですもの。休憩している時間なんてありません。長い時間並んで、ようやく私の前に立つと、いろいろな不安があらためて押し寄せてきて、ぼろぼろ泣いてしまう人もたくさんいました。そんな彼女たちには、手を握って頬をなでてあげるの。そうするとみんなだんだん落ち着いてきて、笑顔を見せてくれるようになるんです。

若い人がドライになったと言われるようになってからも、10代の子たちからの相談は途切れませんでした。彼女たちは、自分の親に相談できなくて、切羽詰まった気持ちで私のところに来るのでしょうね。話を聞いていると、これまで我慢していたものが、タガが外れたように溢れて、泣き出してしまう子も大勢いました。でも最後に、「頑張ってね」と言って送り出すと、どれだけ大泣きしていてもみんな笑顔になって、「頑張ります」と言って帰っていったわ。彼女たちも今は、しあわせな奥さんになっているのでしょう。

私が鑑定をしてきた人数は、のべで420万人を超えました。それは、人生の岐路に立ったとき、必ず「先生、この人と結婚して、しあわせになれる?」「先生、子どもが生まれたんだけど、名前をつけて!」「先生、娘が結婚するのだけど、この彼でしあわせになれるかしら？」「先生、孫が生まれたのよ！　また、名前をつけてちょうだい！」って、何度も来てくれるお客さんがたくさんいるからなの。その人たちは、最初はひとりだったけれど、年月を経ると今度は娘さんとふたりで、そして最近はお孫さんと親子三代で来てくださるんです。こんなにうれしいことはないわ。私が「新宿の母」でいられるのも、そうしてずっと私を頼りにしてきてくれた人たちのおかげなんです。

今の私の願いは、皆さんの「心の灯台」であり続けること。私はこの命が尽きるまで、皆さんが人生に迷ったときや、目の前が真っ暗になっているときに、その先を明るく照らす心の灯台でいたいと思っています。

本書は、悩める女性たちに60年間かけ続けてきた言葉から、35本を選びました。悩んだとき、心に不安を感じて押しつぶされそうになったとき、開いてみてください。きっと、あなたの心に寄り添った言葉が見つかるはずです。みんな、同じ道を通ってきているんですよ。

私の言葉で、あなたの心が元気になってくれたら、こんなにうれしいことはありません。

目次

新宿の母が伝えたいこと
しあわせになろうね

《第2章》

愛 Love

心に愛を　41

《第3章》

Life 人生

人生は一歩ずつ　61

《第4章》

未来 Future

すこやかな未来　83

新宿の母・栗原すみ子のあゆみ

昭和5年（一九三〇）
11月8日、茨城県に生まれる。本名・すみ。女ばかりの姉妹の三番目に生まれ、子どもはもう「済み」という意味を込め、名づけられた。

昭和11年（一九三六）
父が結核を患い、死去。

昭和20年（一九四五）
15歳のときに、終戦。

昭和26年（一九五一）
21歳で一度目の結婚。

文化服装学院に入った頃

昭和27年（一九五二）

長女誕生。病のため死去。

昭和28年（一九五三）

長男妊娠中に、夫が出ていく。

昭和29年（一九五四）

3月に長男・達也誕生。

生まれて間もない息子を実家に預け上京。食べていくため、文化服装学院で洋裁を習いはじめる。
今度こそ、とおつきあいをはじめた人に捨てられ、絶望しているところで、占い師に声をかけられる。その人の励ましの言葉でみるみる生きる気力がよみがえり、「私も自分の言葉で悩める人を励ましたい、一緒にしあわせになる方法を考えたい」と、占い師になることを決意。入門を許してもらうため、3ヵ月占い師のもとへ通い続ける。
その後、占い師に弟子入りを認められる。
実家からは勘当される。

占い師になろうと決意した頃

昭和31年（一九五六）

修行を経て、ひとりで占いをするようになる。師匠のおみくじを売るついでに占いをするような簡易なものだったが、よく当たると評判になり、多いときには300人以上もの人が買いに訪れた。最初は縁日の露店として、その後、銀座を皮切りに、渋谷、池袋、中野、大宮、川崎、横浜、そして新宿と、繁華街でもおみくじを売り、占いをした。

昭和33年（一九五八）

27歳。4月1日、占いの鑑定場所を新宿に定める。

昭和35年（一九六〇）

正式に師匠から独立し、看板を出せるように。

昭和37年（一九六二）

実家から勘当を解かれ、ついに8歳になった達也と再会。感動の再会を思い描いていたが、ずっと「両親は死んだ」と聞かされていた息子は、ほとんど寄りつかず、「お母さん」と呼ぶこともなかった。

新宿の母＊年表

昭和39年（一九六四）
東京オリンピック開催。新宿も多くの露天商でにぎわう。

昭和43年（一九六八）
国際反戦デーで、学生デモ隊と機動隊が衝突。新宿騒乱事件。

昭和47年（一九七二）
42歳。18歳になった達也を東京に呼び寄せ、ようやく一緒に暮らすことに。

昭和48年（一九七三）
達也が自身の希望でひとり暮らしをはじめる。

昭和49年（一九七四）
44歳。占いをやっていたビルの工事に伴い、何度か道路交通法違反で声をかけられるが、ついに四谷署から路上営業の許可が出る。

昭和50年（一九七五）
45歳。チャリティーコンサートの開催や寄付など、福祉活動をはじめる。

評判になり、伊勢丹前に行列ができる

昭和51年（一九七六）

達也が一度目の結婚（のちに離婚）。12月24日、「新宿クリスマスツリー爆弾事件」が起こる。事件直前まで話をしていた顔見知りの警察官が重傷を負った。

昭和55年（一九八〇）

8月19日、「新宿西口バス放火事件」が起こる。そのけが人の中に知人がいたため、いっそう本当に大切なものは命であり健康、という思いを強くする。

昭和57年（一九八二）

51歳。7月に書籍『母と子の九星相性学 失敗しない、わが子とのつき合い方』（ベストセラーズ）発売。アメリカでサイン会も行う。またその頃、胆石が発覚し入院。鑑定場所を離れている間に、写真週刊誌に「ホスト遊び」というスキャンダルをでっち上げられる。

昭和59年（一九八四）

53歳。20回以上のお見合いを経て、二度目の結婚。

多くの人を励ましてきた
新宿の母の笑顔とやさしい手

昭和61年（一九八六）

55歳。二度目の結婚をしていた達也のもとに、娘が誕生。待望の初孫となる。

昭和64年 平成1年（一九八九）

1月8日、昭和天皇崩御。平成の時代になる。新宿御苑で大喪の礼がおこなわれたため、警備も厳しく、占いどころではなかった。新宿の街がこれまでにないほどに静まり返っていた。

平成5年（一九九三）

62歳。茨城県協和町に『幸せ観音像』建立。その日茨城県には台風がきていたが、開眼式のその瞬間だけは雨が止み、太陽が顔を覗かせた。

平成7年（一九九五）

阪神・淡路大震災、オウム真理教の「地下鉄サリン事件」が起こる。数年前から相談の増えていた宗教団体だっただけに、さらなる怒りがこみ上げた。

幸せ観音像の開眼式

平成9年（一九九七）
66歳。この頃、ニセ新宿の母を名乗る占い師が現れては消えていった。

平成10年（一九九八）
70歳も間近になり、いっそう「一人ひとり親身になって相談に乗り、一緒にしあわせを考えよう」という決意を強くする。

平成16年（二〇〇四）
73歳。『新宿の母』携帯サイトがはじまる。

平成17年（二〇〇五）
74歳。『新宿の母』インターネットサイトがはじまる。また、鑑定した人数が300万人突破。
8月26日にテレビ『中居正広の金曜日のスマたちへ　波乱万丈～占い界の生ける伝説～新宿の母・栗原すみ子』に出演。大きな反響があり、放映直後の鑑定場所には、3～4時間待ちの長い行列ができた。

平成18年（二〇〇六）
75歳。1月1日にテレビ『最強運芸能人決定戦。～2006年はコイツにのれスペシャル～』（フジテレビ系）の生放送に出演する。
7月には池袋ナムコナンジャタウン『占者ストリート』に新宿の母のアトラクションが登場する。　11月に書籍『新宿の母 九星占い』（説話社）が発売。

平成19年（二〇〇七）

12月22日に新宿の母の半生をドラマ化した『金曜プレステージ　新宿の母物語』（フジテレビ）が泉ピン子さん主演で放映。自伝はコミックス化もされた。その反響は大きく、鑑定場所に整理券を必要とする長蛇の列ができた。

二代目新宿の母として、栗原達也が同じ場所で街頭鑑定をはじめる。20代の頃から占いの才能を見初められるも、「自分はまだまだ相談者をしあわせに導く力が足りない」と、30年以上の社会人経験を経てから新宿の母に師事し、この日を迎えた。

平成26年（二〇一四）

83歳。『新宿の母』インターネット鑑定10周年。

平成30年（二〇一八）

4月1日で占い師生活60周年、この年の11月8日には88歳（米寿）の誕生日を迎える。鑑定人数はのべ420万人を突破。

装丁・本文レイアウト／染谷千秋
撮影／村尾香織
編集／菊地一江　渡邉知寿美　加藤裕香
写真協力／有限会社　新宿の母易学鑑定所

笑顔
Smile

《第1章》

笑顔がいちばん

Smile
笑顔

明るい笑顔がしあわせを呼び込みます

私が鑑定でよく言うのは、「とにかく笑顔でいましょう」「笑顔が一番よ」ということ。明るくて素直な人は、誰からも好かれるし、愛されるんです。反対に、いつも暗い表情で、何を考えているのかわからないような人は、どこか人を寄せつけないオーラみたいなものが出ているみたいで、周囲から避けられてしまうわ。だから意識的に明るく振る舞ったほうがいいの。

相談に来る人たちは、最初は暗い顔をしていることが多いんです。それは仕方のないこと。だって、とても悩んでいるのですものね。でも、最後に私が「大丈夫よ、しあわせになれるわよ」と励ますと、みんな帰りは「そうですよね、もう少し頑張ってみます」って、表情がパッと明るくなって、笑顔で帰っていくんです。私はそんな笑顔を見るのが大好き。「よかった」ってほっとするし、うれしくなります。

心が頑なになると、何事も真面目に考えすぎてしまうから、周囲の人たちは、冗談すら言えなくなってしまいます。そして、考えれば考えるほど、悪いことしか頭に浮かばなくなって、どんどん自己嫌悪に……。そうすると、自分から人の集まるところには行かなくなったり、会話にも参加しなくなったりして、ますます人を寄せつけなくなってしまうのね。それでは、人づきあいはもちろんのこと、恋愛だって仕事だって、何もかもがうまくいかなくなってしまうわ。本人もそんな自分は嫌なのに、自分で自分をつらい状況に追い込んでしまうの。そんな人が相談に来ることもあります。だから私は、**「つらくても、とにかく笑ってみて。声を出して笑う必要はないから、鏡を見て口角を上げるだけでもいい**

の。あなた自身に向けて、笑顔になってみて」って言うの。楽しいことを考えるのは難しいかもしれないけれど、**テレビのお笑い番組を観たり、落語を聞いたり、ギャグマンガを読んだりして、意識して笑うのもいいですよ。そうやって、自分を明るくしようとしている人には、必ず明るい運がついてきますからね。**

しあわせは、あなた自身が呼び込むものなの。誰かから与えてもらうものではありません。「この人のおかげで、しあわせになれた！」ということがあっても、あなたをしあわせにしてくれた人との出逢いは、あなたが招いた縁ですからね。**つらかったり、落ち込んだりして、心では思いっきり泣いていても、表面的には笑顔でいれば、だんだん自分の心にも穏やかな気持ちが湧いてきます。それは、あなたにしあわせが近づいてくる合図なの。**

もちろん家族や大切な人が亡くなったときまで、笑顔でいなさいとは言いませんよ。悲しいときは思いっきり泣いていいの。涙は供養にもなりますからね。でも、いつまでも悲しい気持ちのままで、「いっそのこと、後を追いたい……」なんて考えるのは絶対にダメです。それでは、故人も喜びませんよ。それよりも、亡くなった人のぶんまでしあわせな毎日を生きていくことが大切なんです。

うつむいた暗い顔は不幸を呼び寄せてしまいますが、明るい笑顔にはしあわせを招くパワーがあります。だから私はいつも、「どんなときでも、とにかく笑顔でいましょ。笑って、笑って！」って言います。それに、**意識して楽しいことを考えて笑顔でいると、顔の色艶もよくなるんですよ。笑顔になった瞬間から、しあわせが近づいてきます。**

明るく生きている人は、もともとの性格が明るい場合もありますが、それだけではなく、毎日明るく楽しく過ごすためにはどうすればいいのかを考えながら、過ごしているんです。ミスをしたり、つらいことがあったりして落ち込んだときでも、自分の気持ちを盛り立てて、意識して明るくしているの。でも、周囲の人には、「頑張ってつらさを乗り越えようとしているんだな」ってわかるんですね。だから、みんなで励ましてあげようって、その人を盛り立てて明るく振る舞うの。そんな人の周りには自然と明るい人たちが集まるんです。そして、さらに明るい輪が広がるわ。そうしてみんなでしあわせになっていければいいわね。

Smile
笑顔

人から褒められたら、素直に喜びましょう

誰でも人生に何度かは、「あなたってすごいわ」「あなたはこんなところが魅力的ね」と人から言われる機会があるのではないでしょうか？　そんな褒め言葉の内容は、自分でも気づいていないものだったり、意外性のあるものだったり、さまざまでしょう。そんなとき、もしかするとあなたは「そんなことありません」と、すぐに否定してしまっているかもしれませんね。褒め言葉をどうどうと認めて、調子に乗っていると思われたら嫌だな……と、

そんな気持ちがはたらくこともあるでしょう。でも、それはもったいないことですよ。謙遜というのは悪いことばかりではないけれど、せっかく相手が褒めてくれたのに、否定ばかりで返すのは、相手にとっても気持ちのいいものではありませんし、自分の精神面にもよくありません。

相手が褒めてくれたのなら、まずはうれしく思ったことを最初に伝えましょう。「私はそういうふうに見られているんだな」って、前向きに捉えるようにしてくださいね。

そしてもし、相手の褒めてくれた言葉が、本当の自分とあまりにもかけ離れていると感じたら、今度はその自分に少しでも近づくように心がけていくといいですよ。小さな工夫が、あなたを「他者が褒めてくれた姿」のように、いっそう魅力的に見せてくれますからね。

私も、もともと自分から「新宿の母」を名乗っていたわけではありません。毎日街角に立ち、相談に乗り、たくさんの人から感謝の言葉をもらいました。それと同時に「まるでお母さんみたい」とか、「お母さんと話しているようで安心する」というふうに言われたことで、「私は皆にとってのお母さんを目指そう」と思えるようになったんです。私のところへ来るのは、さまざまな理由で親との折り合いが悪くなった悩める女性ばかり。ちょうど、昭和の中頃……信じられないかもしれないけれど、暮らしのために子どもを売春の世界に売った親たちがいる時代ですから、実家に帰りたくても帰れない、親に甘えたくても甘えられない、そんな女性たちがたくさんいたんですよ。

ですから、皆きっと、自分のことを心配してくれるお母さんのような存在を求めていたのね。まだ占い師をはじめたばかりで、私も若かったけれど、それでも「母」のような役割は、果たせていたようです。

私が母親のようになりたいと考えてからは、実際に、悩んでいる人に親身になって、何とか励ましてあげたい、暗闇から引っ張り出してあげたい、という思いがますます強くなったわ。その思いは、60年経った今でも変わりません。だから、これだけ時代が移り変わっても、「新宿の母」と言ってもらえるのでしょうね。

ですから、褒めてもらった言葉はまず受け止めましょう。受け取りもせず、そんなことないと突っぱねてはダメよ。そして、相手から見えている自分の姿が素敵なものだったら、その言葉にふさわしい自分を目指す、それが二段階目。これは、相手が求めるようなあなたになりなさい、ということではありませんよ。あなたが褒められてうれしかった気持ちを大切に、その姿にどうしたら近づけるか、考えればいいの。少し難しいかもしれないけれど、そうした努力を重ねることによって、あなたは今よりも輝いて見えるでしょう。

Smile 笑顔

コンプレックスを持っている人のほうが好きよ

いじめの問題が後を絶ちませんね。どうにかならないものでしょうか。携帯電話やインターネットが発達してきたのと結びつけて、「最近のいじめは陰湿だ」などと言う人たちもいるようです。確かに、いじめのやり口は変わってきているのかもしれません。ただ、その根本的な部分は今も昔も違いがないように思います。やられてるほうからしたら、いじめに爽やかも陰湿もないでしょう。

実は私も、子どもの頃いじめられていたんです。父が亡くなって家が貧しかったし、勉強も運動も苦手でしたから、いじめっ子たちからしたらちょうどいい標的だったんでしょうね。嫌なことをたくさん言われましたし、仲間はずれにもされました。なかでも一番つらかったのは、やはり父がいなくてバカにされたこと。大好きだった父を失ってただでさえ悲しいのに、「親なしっ子！」なんて言われたら、どうして自分がこんな目にあわなければならないの……と涙が止まらなかったわ。

父が亡くなったのは、私が尋常小学校に入学する前のことです。肺結核でした。結核は今でも恐い病気ですが、当時はいい薬もなく、「結核になったら必ず死ぬ」と言われていた時代。しかも伝染病ですから、子どもたちは親戚の家に預けられ、父の死に目にも会わせてもらえなかった。私は姉や弟たちと、やさしかった父を思い出してずっと泣いていたのを覚えています。

このような状況のなかで学校に通い出したら、「親なしっ子！」と心ない言葉を投げつけられるのですから、学校に行くのが嫌で仕方ありません。先生は見て見ぬふりで、いじめっ子たちは調子に乗るばかり。それでも、母を困らせたくないという一心で何とか毎日通っていたけれど、今振り返っても、よく辛抱したなと思いますよ。

また、父が亡くなってから生活は苦しくなる一方でしたから、子どもの私も家計を助けるために、近所の赤ちゃんの面倒を見ながら学校に通いました。背中によその家の赤ちゃんを背負って、子守りをしながら授業を受けるんです。今の若い人たちは驚くかもしれないけれど、私だけでなく、昔はそういうことがよくあったのよ。赤ちゃんが泣き出したら先生から「帰っていい」と言われて授業を抜け出せるから、「この子が早く泣いてくれますように」と祈ったりしてね。でも、そんなことが続くとますます勉強が遅れて、いじめっ子たちからバカにされる。バカにされると自信がなくなって、「自分は何をやってもダメなんだ」と後ろ向きになる……。あの頃の私は、コンプレックスのかたまりでした。

自分がそうだったから、今でもコンプレックスを持っている人のほうが好きなんですよ。昔の自分を見ているようで、肩入れしてしまうの。「**そのコンプレックスをバネにして、もっと人生をよくしていけるのよ!**」って、応援したくなるんです。**だって、コンプレックス**

の裏には、「本当はこうなりたい」という前向きな気持ちが隠れているんだもの。鑑定をするとき、どんなに暗く落ち込んでいる人のなかにもある小さな希望の光を引き出せたら、こんなにうれしいことはないわ。それに、最初から自信満々でいるより、コンプレックスがあっても悩みながら成長していく人のほうが、ずっと魅力的だと思いませんか？

ところで、いじめられていた私がどうなったかというと、ある日、授業中に聞かれたことに答えられず、また「親なしっ子！」と指をさされて笑われたとき、「これ以上自分をバカにさせるわけにはいかない。今に見ていろ！」という強い気持ちが湧き起こり、それからは死にもの狂いで勉強しました。コンプレックスがやる気に反転した瞬間です。もちろん、勉強の遅れを取り戻すのはたやすいことではなかったけれど、もう絶対に負けないと決めて、あきらめないで頑張ったんです。そうすると成績も少しずつ上がっていき、いつの間にか優等生と言われるようになりました。そして今では、筋金入りの負けず嫌いです。

Smile
笑顔

いつも「ばか正直」でいる必要なんてありません

今の時代、女性もずいぶん自由な生き方ができるようになってきましたね。もちろん、男性よりも仕事のチャンスをつかむのが難しかったり、出産や育児で思うようにキャリアアップできなかったりということはまだまだあるようですが、それでも昔にくらべたら、活躍の場が与えられるようになったのではないかしら。

このことは、考え方や価値観の変化としても表れていると思います。私のところに相談に来てくれるお客さんたちの話を聞いていても、特に恋愛に対する考え方が、以前とはまったく違ってきているのです。だって今は、「交際していた男性とお別れして、お嫁にいけない身体になってしまった。どうしたらいいかわからない、助けてください」なんて泣いて相談してくる人はいないもの。

昔は、こういう悩みを抱える人たちがたくさん来たんですよ。家族や友だちにも相談できなくて、占い師に頼るしかないほど深刻だったということでしょうね。私が「それは決して恥じるようなことではないわ。でも、誰にも言わないでおきなさい。**あなたは自分でしあわせにならなきゃいけないんだから。そのために、いつもばか正直でいる必要なんてないのよ**」って言うと、少し表情がやわらいで、「はい」と小さな声で、私の手を握ってくれたものです。

そんなことで悩むなんて、今となっては、ばかげた話に思えるかもしれませんが、仕方がなかったんですよ。あの頃は、若い娘さんが結婚前に夫となる相手とは別の男性と身体の関係を持っていたことが知られると「キズモノ」と呼ばれて、婚約が破談になることもざらだったんですから。それこそ「生きるか死ぬか」というくらい悩み、苦しむ女性もいたんです。

それから、もうひとつ思い出すのは、新宿で身体を売って生きていた女性たちのこと。彼女たちの多くも私のお客さんだったのですが、夜の世界から足を洗って素敵な恋人ができたり、結婚して家庭を持ったりすると、そのことをよく報告しに来てくれました。「お母さん、私、こんなにしあわせになったのよ」なんて言ってね。とってもうれしかったわ。でも、その笑顔がどこか心もとなくて、「何か悩みがあるんじゃないの？」と聞くと、「夜の仕事をしていたことを旦那に黙っているのがつらくって……」とうつむいてしまう。そんなときも、私は言いました。「いつもばか正直でいる必要なんてないんだから、黙っていなさい。そして、どうどうとしていなさい」って。生きるために身体を売っていた過去があるとしても、それを知らない人にわざわざ言う必要はないでしょう。病気の検査などはしっかりして、お相手に危険が及ばないようにできるだけのことをしたのなら、それで十分。言わないほうがおたがいのため、ということもあるんです。

もちろん、自分の過去をすべて打ち明けて、すっきりした気持ちでしあわせになれたらそれに越したことはないけれど、生きていれば誰だって、そんなに清く正しくばかりいられるわけではありません。そんなのおたがいさまです。**隠したい過去は隠したままで、しあわせになる道もあるんですよ。**

大切なのは、「言わない」と決めたら、その秘密は墓場まで持っていくこと。死んでも言わないという覚悟を持つことです。そうすれば心が生まれ変わって、新しい人生をはじめられます。本当に明るい笑顔を見せることもできるでしょう。

そして、誰にも言えない秘密を持っているからこそ、人にやさしくなれるということもあるのですからね。

Smile
笑顔

「いいところ探し」がうまい人ほど、モテるのよ

人づきあいをするうえで、とても重要なのが、相手のいいところを探すことです。これが意外と難しくて、相手の欠点を見つけるのは簡単なのだけれど、いいところを見つけ出すのはちょっと大変かもしれませんね。

たとえば恋人同士でも、最初はいいところばかりが見えていて、おたがいに情熱的に想い合うけれど、時間が経つにつれて悪いところばかり目につくようになった……というの

は、珍しい話ではありません。もしもあなたが、恋人の欠点ばかり指摘するようになったら、相手の気持ちも離れてしまいますよね。

また、恋愛に限った話ではなく、職場での人間関係なども同じです。**「あの人、ちょっと苦手だな」と思ったら、どんどん悪いところが見えてきて、あなたはその人と距離をおいてしまうでしょう。**その人も、自分がよく思われていないのがわかるから、あなたに対してつらく当たるようになってしまう場合があるの。

この逆で、あなたがもし相手のいいところをすすんで見つけられたとしたら、どうかしら？　あなた自身、恋人のことをもっと好きになるでしょうし、職場でも苦手な相手が減るはずです。そして、あなたが積極的に相手を褒めることができれば、もちろん相手もあなたに好感を抱いてくれるでしょう。これは、初対面の人が相手でも同じこと。自分を褒めてくれた相手には、誰も敵意は抱きません。つまり、**率先して「いいところ探し」ができる人は、どんな場面でもモテるんですよ。**

若いうちは、相手の揚げ足ばかりとっているような人でも、ある程度好かれることがあります。実際、そういうことをする人は、自分が優れていると思っていますから、自信も余裕もあって、あれこれ選り好みができるというわけなの。ちょっとでも気にいらないことがあれば、「自分にふさわしい人は他にいるはず」って言って、相手をとっかえひっかえしてしまうんです。

でも、いつまでもそのままというわけにはいきません。やっぱり、歳を重ねると制限もいろいろ出てくるものです。こういう人は、今のところ恵まれているからプライドも高くなってしまって、自分が選ばれる側になったとき、「それでも妥協できない」って言うんです。だから、他者に対しても、欠点ばかりが目についてしまう。でも、そうなってからじゃ、どんどん周囲に遠ざけられてしまうわ。気づけた人は、いくつからでも遅くはありませんから、相手のいいところ探しをぜひはじめてみましょう。

他者のことを日頃から積極的に褒められる人になれば、「ありがとう、あなたも素敵よ」なんてふうに、相手からも褒められる機会が増えるわ。おたがいに、聞いていて気持ちのいい言葉をつかうのは、良好な関係を築くうえでとても重要なことなんです。**世の中にはおべっかが上手で、思ってもいない褒め言葉を口にするのが得意な人もいるけれど、心にもない言葉は相手には響かないもの。**口先だけでいくら言ってもわかってしまいます。ですから、人のいいところを見つけるときは、自分が本当に素敵だと思ったことを口にするようにしましょうね。相手のことをよく観察して、自分にはない優れたところを見つけられれば、それだけでも相手のことを尊敬したいと自然に感じられるはず。

相手のいいところをどんどん見つけて、人から好かれる人になってくださいね。

お悩み相談Q&A

Q

人から「暗い」と言われることが多く、気にしています。口下手で、バイトの面接にもなかなか受かりません。得意なこともなくて、自分に自信が持てず、将来どうなるか不安で仕方がありません。　(10代・女性)

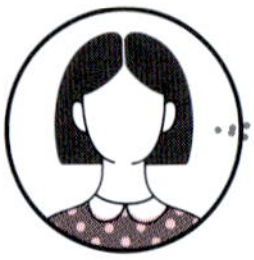

A

私は皆さんを励ますときに、「明るくしていましょうね」とお伝えすることが多いのですが、決して口下手は悪いというように思ったことはありませんよ。大人しかったり、はずかしがりやだったりするのも、その人の性格です。それよりも、自分を「得意なことがないからダメだ」「人とうまく話せないからダメだ」というふうに思っていることのほうが、よくないのです。

自分のことを暗いと思い込んでいると、ますます内向的になり、憂鬱そうな態度をとってしまう場合があるの。それは、運勢的にもあまりよくありません。

たとえば、目で見てぱっと華やかな気持ちになるような小物を取り入れてみたり、服を選んだりしてみるといいですよ。印象も変わりますし、それが人から話しかけてもらえるきっかけにもなるのです。

上手におしゃべりできなくても、挨拶と笑顔を絶やさなければ大丈夫。顔を上げて、いろいろなものを感じる心を大切にすれば、得意なことはこれからいくらでも見つかりますからね。

愛

Love

《第2章》

心に愛を

Love 愛

やさしい人の周りには、やさしい人が集まります

仲間うちだけで通じる話題というのがありますね。それが時には誰かの噂話や悪口だったりして、皆と一緒に笑ってはいるけれど、何となくもやもやしたものが胸に残ったことはないかしら。悪口ばかり言っていると、悪口を言う者同士の集まりになってしまい、前向きな気持ちは生まれません。もし、そういった関係にあなた自身が疲れを感じているのなら、あなたも悪口を言わないように心がけることです。そうして積極的に前向き

な話題を提供するよう努力していけば、自然と楽しい仲間が増えていきますよ。

あなたが変われば、必ず周囲の人たちの顔ぶれも変わってきます。**これから縁を繋ぐ人に対して、すすんでやさしくするようにしていれば、あなたの周りにはやさしい人ばかりが集まるようになるわ。「類は友を呼ぶ」と言って、似た者同士が自然と一緒にいるようになるのです。**

私自身も若い頃は、自分の生まれた環境や金銭感覚が合わずに、同級生たちの話題についていけないこともありました。それに、いつも誰かの噂話をしているものだから、何となく聞くのが嫌になってしまったのね。でも、そういった話題を口にしなければ、自然と他のことで盛り上がれる友だちが寄ってくるものです。**自分の属するコミュニティは自分でつくっていけるのだから、あまり無理をして合わせなくてもいいのですよ。**

人にやさしくできる人になって、やさしい仲間たちと、笑顔で過ごすようにしましょうね。

Love
愛

人生に無駄なことなんてひとつもないのよ

今、つらい思いをしているあなたは「どうして自分がこんな目に……」と嘆いているかもしれませんね。周りの人ばかりしあわせそうに見えて、自分だけがひどい目にあっていると感じることもあるでしょう。でもね、**人生において無駄なものというのは、ひとつもないんですよ。**

私は幼い頃に父を結核で亡くしていじめにあいましたが、いじめっ子たちを見返してやりたい、女だけの家だからってバカにされたくない、という強い思いで、人よりたくさん勉強しようとしました。それがいいほうに実を結んで、自分に自信がつき、引っ込み思案だったのが一転して、負けず嫌いになったんです。大人になってからも、最初に結婚をした人は女をつくって逃げていき、生まれたばかりの子どもは病で亡くしてしまったけれど、お腹には二人目の子どもがいて……何としてでもこの子のために頑張らなきゃって、自分を奮い立たせることができたんです。決死の思いで生きていく道を探ったとき、思いついたのがお裁縫。「これからの時代は洋裁だ」と思い立って、文化服装学院に通うことにしようと、上京を決めたんですよ。今思えば、それが運命の第一歩だったのね。

でも、都会での暮らしは甘くはありませんでした。洋裁は習うのにもお金がかかるし、周りはお金持ちのお嬢さんばかりで、私のように「自分と息子の生活がかかっている」なんて人はいませんでした。それで周囲からは取り残されてしまって、寂しい日々を送っていたんです。その折に出逢った男の人と、今度こそしあわせになりたいと思っておつきあいをしたのだけれど、その人は突然郷里に帰ってしまい、私を置き去りにしました。もう、生きていく気力が持てない……そう、ふらふら銀座の街をさまよい歩いていたら、声をかけてくれたのが占い師のおじさん。私の師匠に当たる人でした。

本当に、このときはつらいこと続きだったけれど、ここまでの絶望がなければ、私は占い師の道を選ばなかったと思うの。「もう後がない」というギリギリの覚悟がなければ、到底ものにすることはできなかったでしょう。そのために、実家に預けていた息子とは、長い間離れて暮らすことになってしまったけれど、そのつらい時期を乗り越えたからこそ、人々の悩みに答えられる「新宿の母」という今があるんです。

自分が悩み苦しんで得たものが、相談に来る女性たちの救いに、ほんの少しでも変わるのならば、こんなにしあわせなことはありません。「どうすればいいのかわからない」と、さまざまな窮地で身動きがとれなくなっていた彼女たちは、「私もつらいことがあったのよ」と伝えると、本当によく話を聞いてくれました。そして、決まって、「新宿の母でもそうだったのなら、自分もきっと大丈夫よね」と言って、安心した表情を見せてくれるのです。

つらい経験や苦しい状況は、あなたに必ず何か学びをもたらしているはずです。自分では気づかないかもしれないけれど、あなたは苦難のなかに身をおくことによって、確実に変わっていっているわ。痛みを知る人は人一倍やさしくなれるというように、あなたはその経験を通して、人を大切にできるようになっているのよ。そのやさしさがあれば、自分が立ち上がって前に進むばかりでなく、困難を乗り越える方法を、悩んでいる人と一緒に考えることだってできます。

私が「新宿の母」としてやってきたことは、ほとんどこういうことなんです。今、悩んでいるというあなたも、きっと同じようにできるはず。自分の後悔や悲しみを通じて、同じ思いをする人がいないように、寄り添ってあげられるんですよ。そして、あなたが与えたあたたかな救いの気持ちは、しあわせにかたちを変えて、ふたたびあなたのもとに舞い戻ってくるでしょう。

Love
愛

「ああ、私は運が悪い」と思ったときはチャンスです

電車に乗り遅れたり、忘れ物をしたり……「ツイていないな」と感じることは日常にたくさんありますよね。もっと重大な困りごとやトラブルが続いて、「私はなんて運が悪いんだろう」と思いつめてしまう人もいるでしょう。でも、そう感じたときこそ、チャンスです。悪いことがこれから先ずっと続く、なんてことはまずありませんからね。

かつて、私のもとに、「今が人生のドン底で、もう死ぬしかない」と青ざめた顔の女性が相談しに来たことがありました。その人は障害のあるお子さんを抱え、その子の面倒を見ることに明け暮れていましたが、育児に非協力的なご主人に、一方的に離婚を言い渡されてしまったの。これまでお子さんのことでいっぱいいっぱいだった彼女は、稼ぐあてもなく、もう子どもと心中するしかないと、私に相談してきたのね。そこで、私は「何度も死のうと思ったけれど、今、生きているからこそあなたの話を聞いて、一緒に考えることができるのよ」と自分の過去を伝えたんです。そして、「人生のドン底にいると感じるなら、これからあなたの運気は上がる一方です。もうこれ以上悪いことは起こりませんよ」と、お話ししました。それで彼女は何とか、死ぬのを思いとどまってくれたんです。

どんな人生にも、波があります。穏やかでしあわせな日々が続くわけではありませんし、人によっては、「なんて運が悪いんだろう」「もう消えてしまいたい」というような、地獄を見ることもあります。ですが、ドン底だと思える体験をすれば、その運気もあとは上がるだけ。悪いことがずっと続くということは、まずありません。これから運気が浮上すると思えば、それはある意味チャンスでもあります。意識や行動を変えるのも、まさにここからといえますよ。

そうは言っても、なかなか気持ちを切り替えられるものではありませんよね。そんなとき助けになってくれるのが、「塩」です。**ビニールの小袋に入れるか白い紙に包んだ塩を、肌身離さず持ち歩きましょう。**塩があなたを悪いものから守ってくれますよ。塩を処分するときには、水場に流してしまってくださいね。また、姿勢を正すのも効果的です。猫背でうつむいていては、どんどん暗い気持ちになってしまいますから、なるべくしゃんと背筋を伸ばして、少し目線を上げるようにしましょう。できるだけ笑顔でいるようにすれば、本当にどんどん明るい気持ちになっていきますよ。そして、「運が悪いのは、今だけ。私はこれからどんどんいい方へ向かっていける」という気持ちが湧いてくるはずです。

「もうダメかもしれない」という状況をチャンスに変えられるのは、あなただけです。

事態の大きい小さいに関わらず、困ったときこそ笑っていられるように、少しずつ努力をしてみてください。いつのまにか運が悪い状況を脱し、自然な笑顔を浮かべている自分に気づくはずです。きっと、そこから光が差したように、あなたの進むべき道が、明るく照らされて見えるでしょう。

Love

愛

第一印象だけで判断してしまうと、大切な縁を逃してしまうわ

私たちは、第一印象がよくないと、その人に対して身がまえてしまったり、よくない印象のまま一歩引いたおつきあいをしたりしてしまいがちです。初対面では本来の自分を出せない人もたくさんいますし、最初から偏見や先入観を持って逢ってしまうと、第一印象もよくなかったりします。ですが、**第一印象のよし悪しだけで相手を判断してしまうと、大切なご縁を逃してしまうこともある**のよ。それに、第一印象がどれだけよく

ても、その人と縁があるとは限りません。

素敵な人に出逢ったとき、第一印象で「運命の人かもしれない！」と思ったこともあるでしょう。そんな人とは本当に縁があって、相性がいい場合が多いようです。ただ、それが結婚に結びつくのかというと、そうとは言いきれないところがあります。また、**第一印象は「最悪だ！」と感じたのに、その後、何度か逢っていくうちにおたがい気が合うことがわかり、実は占いの相性もすごくよかったと、結婚に結びつくことだってある**んです。

おたがいに第一印象はよくなかったけれど、あとから仲よくなることも多いので、第一印象だけで相手を判断してはいけませんよ。せっかくのご縁を逃してしまうことにもなりかねません。それは、**恋愛以外でも同じこと。その人はあなたの人生において、大きな影響を与えてくれる人かもしれません**からね。

Love
愛

ケンカをしたときは、先に謝っちゃいましょう

どんなに仲がよくても、ケンカはします。それは、友だちでも、家族でも、恋人でも、伴侶でも。家族以外はそのままケンカ別れになって、「その人とは縁がなかったんだな」ということもあるでしょう。ですが、ずっと繋がっていたいご縁であるならば、早くこじれた関係を解消して、それまで通りの仲に戻すことが大切です。ケンカをしたときって、たいていの場合は相手も、「引くに引けなくなってしまった……どうしよう」と思ってい

ることが多いもの。ですから、**あなたから先に謝ってしまうことが、関係修復の早道**です。あなたが折れて、「ごめんなさい。私も悪かったわ」と口を切れば、相手も「いや、自分こそ申し訳なかった」と返ってくるはずですよ。

特に恋人や伴侶が相手だと、プライドが邪魔をして素直になれないことが多いの。そこにはもちろん、相手への甘えもあるでしょう。相手が先に謝ってくれるはずだ、ってね。なのに、ふたりともつまらない意地を張って謝れない。それが大切な関係を壊してしまうこともあります。あとから思えばささいなことだったのに、どうしてあのとき謝れなかったんだろう……と後悔しても遅いんです。

私は夫婦ゲンカをしても、すぐに忘れてしまって、どうして夫が怒っているのかわからないの。でも相手は怒っているから、とりあえず謝る。これでケンカは終わり。**ケンカが続くとおたがいに疲れてしまうでしょう。そんなとき、言いたいことを言い合ったら、余計にこじれてしまいます。だから、先に謝ってしまったほうがいいんです。**

Love
愛

つらい気持ちは全部吐き出して、しあわせの居場所をつくりましょう

誰にだって、つらい経験はありますし、つらい気持ちを抱えることもあります。でも、そのつらさを、いつまでも持ち続ける必要はありませんよ。今、あなたがどんなにつらい環境にいたとしても、しあわせになれる方法は必ずあります。しあわせになろうという気持ちさえあれば、何があっても大丈夫なの。あなたは、絶対にしあわせになれるんです。

心の引き出しにつらい気持ちをどんどんためていってしまうと、しあわせが入るスペースがなくなってしまいます。だから、つらい気持ちはためこまない。どんどん吐き出して、空いたスペースに、しあわせな気持ちをたくさんためていきましょう。

また、「私はダメな人間だ、その証拠に何をやってもうまくいかない……」と落ち込んでばかりいてはいけません。言霊（ことだま）といって、言葉には魂があって、いつも思っていたり、口に出していたりすると、本当にその通りになってしまうの。自分にとってマイナスになる言葉をつかい続けていると、マイナスの言葉がその人の心にどんどん蓄積されていきます。そして、本当にマイナスの出来事を招いてしまう。一生懸命、不幸を探して「私は不幸です」って宣言してくる人もいます。そんなふうに「不幸になりたがり」なタイプの人を、私はたくさん見てきました。でも、なってもいない不幸を自分から招く必要は、まったくないんですよ。「私はしあわせにはなれない」なんて、これっぽっちも思ってはいけません。

反対に、**「私はしあわせだ」「私は運がいい」と常に口に出して言い続けていけば、プ**

ラスの言葉があなたの心にたまっていきます。不運を招く言葉ではなく、幸運が舞い込む言葉を積極的にためていきましょう。そして、あなたの心を、しあわせの言葉で満杯にしてくださいね。

運勢の7割は自分で変えることができます。たいていの運はあなた次第でいくらでもよいものにしていけるのです。運というのは、あなたが自分から行動を起こすことで、どんどんひらけていくものなんですよ。それも**「私はしあわせだ」「私は運がいい」って毎日笑顔で宣言するだけでできちゃう**のですから、簡単でしょう？　そして、これはとても大切なことなのですが、**不運をしあわせに変えていくことは、他の誰でもないあなたにしかできないこと**なんです。

どんなにつらい環境にいても、しあわせになれる方法は必ずあります。「私は、しあわせになるんだ」と思って努力していれば、時間が解決してくれます。

目の前に困難な壁が立ちはだかっていたとしても、その壁を打ち破って乗り越えたら、その先に見えてくるのは、明るい光、希望です。運気には波があって、困難ばかりがずっと続くことはありません。頑張っていれば、必ずいい結果に繋がっていくんです。

それに、部屋の一角に不要なものがたくさん積み上げられていたら、掃除をして全部捨ててしまうでしょう？　だって、それは必要のないものなのですから。そのスペースがすっぽり空いたら、不要なものが置いてあったところの壁には窓があって、明るい光が射し込んできた、なんてことがあるかもしれません。綺麗なスペースができたから、そこにおしゃれな棚を置いて、香りのいいお花やお気に入りのものを飾ってみよう……などと、インテリア計画が湧いてくることもあります。お部屋を綺麗に掃除して、不要なものを捨てていくことは、実は厄落としでもあって、その空いたスペースにしあわせが宿るともいいます。

お部屋のお掃除も心のお掃除も同じなの。いらないものは捨てて、しあわせの居場所をつくってあげましょう。

お悩み相談Q&A

Q

別れた彼のことを忘れられません。彼以上の人に出逢えるのかどうか不安で、楽しかったことばかり思い出し、復縁できないかいつも考えてしまいます。こんなふうだから新しい彼氏もできず……どうしたら彼のことを忘れられますか？

（20代・女性）

A

本当はね、失った恋を振り返るのはあまりよくないんです。でも、実際は難しいわよね。忘れようとすればするほど、楽しかったことばかり思い出されるものです。もし、どうしても彼のことばかり考えてしまうのなら、いっそ復縁のために、思いきり自分磨きを頑張るのはどうでしょうか。彼といるときに気づいた自分の悪いところを直すように心がけて、もっと魅力的な自分になれるような日々の過ごし方をする……。そうしているうちに、本当に彼が「よりを戻してほしい」と声をかけてくるかもしれないし、素敵な新しい出逢いが生まれることだって考えられます。

あなた自身が魅力的になり、しあわせを感じられるようになれば、自然と過去にはこだわらなくなるものよ。今まで彼のためにつかっていた時間を、今度は自分のためにたっぷりつかってみましょうね。

Life
人生

《第3章》

人生は一歩ずつ

Life
人生

占いだけすればいい、というわけではないんです

占いというと「当たった」とか「はずれた」とか、そんなことで一喜一憂する人がいますが、すごくもったいないことだと思います。私自身、「新宿の母の占いはよく当たる」なんてテレビや雑誌で騒がれた時期もありましたが、占いの本質はそこではありません。人が少しでもしあわせになる方法を探り、前向きな気持ちになって、人生を望む方向へ進めていくための手助けをするのが、本当の占いです。この占いの本質をしっかりとわかっていて、

誠実で質の高い鑑定をする占い師を、私は何人も知っています。

それなのに、占いを「当てもの」とだけ考えていたら、つまらないお遊びで終わってしまうでしょう。本来なら、自分が望む未来への道しるべにできるはずなのに……。

占いは、人の運命を確定したり、未来を宣告したりするものではないんです。その人の過去や現在を深いところから読みとり、よりよい運勢を招くために、どんな努力や行動が必要なのかを見つけるための手段です。そこから、人生の方向性が照らし出されます。ですが、実際にどんな選択や決断をするかは本人次第ですから、それによって、結果はまったく違ってくるでしょう。

こんな私の考えを、頭が固いと言う人もいますけどね。「いつまでも街頭で占って、進歩のない人だ」と、ある有名な占い師から面と向かって言われたこともありました。それは、ちょうどバブル景気で日本中が浮き足立っていた頃。当時は占いや心霊的なことが大ブームで、ちょっと名の知れた占い師は鑑定料をぐんと上げたり、立派な鑑定所を構えたりしていました。

そんななか、以前と変わらぬ料金で占い、鑑定場所もずっと同じで新宿の街角に立っている私を見たら、「進歩がない」と思われるのも無理はなかったかもしれません。

でもね、自分の悩みを必死で打ち明けてくれるお客さんたちを占うのは、それ相応の覚悟がいることなんです。だから、頭が固かろうが、進歩がなかろうが、占い師として譲れないものは譲れません。

お客さんのなかには、不安で先が見えなくて、私の前で泣き叫ぶ人もいます。まだ若い学生さんが「このまま死にたい」と青い顔をしてやって来ることもあります。そんなときに心を込めて手を握ったり、時には頬をなでて気持ちを落ち着かせたりするのも、占い師の仕事です。ただ占いだけすればいい、というわけではないんです。そのためにも、占いの本質を見失うわけにはいきません。

また、占い師がどんなに真剣に占っても、それだけでは何の意味もないでしょう。その鑑定内容をお客さんが自分の人生に活かしてくれたとき、初めて役立つものになるんです。だとすると占いは、お客さんと占い師の共同作業のようなものだといえるかもしれませんね。

もちろん、**人にはそれぞれ持って生まれた運命というものが確かにあります。ですが、その人の自覚と努力によって変えられる部分は大きいのです。**心が変われば、行動が変わる。すると手相や人相も変化してくるので、最初に占ったときと次に占ったときとでは、鑑定で読みとれる情報が違ってくることもよくあります。それは、その人が自分の力で運命を変えたということの表れです。そんなふうに占いを利用してもらえると、本当にうれしくなります。

Life
人生

ないものねだりなんて、サイズに合わない服を探しているようなものよ

私から見たら十分に恵まれていて、占いでもなかなかいい運気を持っているのに、「何だか人生がうまくいかない」という人がいます。容姿も悪くないし、話し方を聞いていると頭もよさそうだけれど、「もういい歳なのに、人生に何も積み重ねることができない。私、このままで大丈夫でしょうか?」と相談に来るんです。それでよく話を聞くと、たとえば恋人ができてもすぐに飽きて、別の人に目移りしてしまうとか、仕事をころころ変えて安

定しない、といったことがわかってきます。

　こういう人は、プライドが高いんですよ。そのせいで人や物事の欠点ばかりが気になって、自分が恵まれているということに目がいかず、ないものねだりをしてしまうんです。これは、自分のサイズに合わない服を探しているようなものだから、そのままでいたら、いつまでも落ち着かないでしょうね。だって、サイズの合わない服を求めてどんなに探しても、自分にとって着心地のいい服には出逢えませんから。

　どんなときも、すでに目の前にあるもののいいところに気づくことが大切なんです。そうすれば、少しくらいの不満があったとしても、心のどこかにしあわせを感じることができます。自分のサイズをしっかり把握して、それに合った服を見つけ、身に着けたときの心地よさを味わうこと。そんなふうに、**今この瞬間の小さなしあわせを最大限に受け止めてください。**それが、大きなしあわせに向かう確実な一歩になりますからね。

Life 人生

あなたが口にした悪い言葉を最初に聞くのは、あなた自身です

やさしい言葉づかいで話す人と、乱暴な言葉づかいをする人とでは、その人の幸福度は変わってきます。人は、**しあわせな言葉を聞いているとしあわせになれる**んです。そして、悪い言葉ばかり耳にしていたら、しあわせにはなりません。だから、私は鑑定でも悪いことは言わないの。「相性をみてください」と言われて相性をみたら大凶。それでも、このふたりならきっと相性の悪さを乗り越えてしあわせにやっていけると思ったら、大凶を大

吉に変える方法を一生懸命考えてお伝えします。それで、うまくいっているカップルもたくさんいるんですよ。

言葉に険がある人というは、自分に自信がない裏返しのことが多いの。弱い人間ほど、強がろうと虚勢を張っちゃうから、言葉がきつくなるのです。プライドも高いから、誰かに指摘される前に攻撃しちゃうのね。そうすると、誰もその人には近寄らなくなったり、みずから不幸を招いたりしてしまうことも。**攻撃的な言葉を聞いて、しあわせになれることはありません。やさしい言葉や美しい言葉を聞くことで、しあわせが寄ってくるんです。**

言葉は大切です。あなたのひとことが、相手をしあわせにすることもあれば、不幸にすることもあるの。ここで大切なのは、あなた自身がその言葉を最初に聞いているのだということ。**相手が聞いてしあわせになれる言葉は、一緒に聞いているあなた自身もしあわせにしてくれますが、相手を不幸に陥れるような言葉は、あなた自身をも不幸にしてしまうんです。日頃から、きれいな言葉、やさしい口調を心がけてくださいね。**

Life
人生

嫌な相手でも出逢ったということは、あなたにとって必要な縁だから

誰にでも、「あの人とは何となくウマが合わないな」という相手はいるものですよ。その程度ならいいのですが、相手が明らかに「自分のことを嫌っているんじゃないか」という態度をとってきたりして、頭を悩ませることもあるでしょう。そんな人との縁はできれば切ってしまいたいと思うかもしれません。もちろん、結果的にはそうなることもありますが、そうであっても、あなたとその人の縁は、意味があるものだといえますよ。

おたがい波長が合わないからと無視していられればいいのですが、大人ともなると、なかなかそうもいきません。特に、仕事で関わる相手ならば尚更ね。そんな人と**少しでも円滑に接するためには、意識して表情をつくることをおすすめします。**人は、苦手な相手の前だと、つい表情がこわばってしまいがちですが、そこを意識して笑顔を向けるようにすれば、相手にとって友好のサインになります。いくら悪い人でも自分に敵意のない相手に、むやみに乱暴に接したりはしませんよ。そうして最低限、にこやかに接していれば、だんだんと相手の態度も軟化してくるのです。

そうした人づきあいの仕方も含めて、**その人との出逢いはあなたに成長のきっかけを与えてくれたのでしょう。**「こんなふうにはならないぞ」という反面教師であったり、「第一印象とは違って、こんないいところがあるんだ」と思わせてくれたり、あなたにとって意味のある気づきを、もたらしてくれたとも考えられますよ。

Life 人生

気持ちを穏やかに保ったほうが、結果として得です

気にしないのが一番だとわかっていても、面倒事だけ人に押しつけて、自分は得をするように動いている人を見るのは、やはりいい気分はしませんね。卑怯な人、ずるい人を前にしたとき、どうしてもイライラしてしまうのはよくわかります。でも、ここで相手の態度にあなたが振り回されてしまったら損ですよ。少し自分の苛立ちの感情と向き合ってみましょう。

たとえ相手がずるいことをしたり、自分勝手な行動をしたりしても、それ自体は相手の事情で、あなたには直接影響がない場合もあるでしょう。そんなとき、あなたがイライラすることで相手の行動が変わるのであれば、いくらでもイライラすればいいのですが、実際はそうもいかないですね。むしろ、勝手な人というのは、目の前で相手が不快な思いをしていたとしても、歯牙にもかけないはずです。

そんな相手のせいで、あなたが心を乱していては、損をするばかりですよ。相手の行動が変わらない以上、こちらの気持ちを変えるしかありません。それに、**「因果応報」といって、悪いおこないをした者には、あなたが手を下さなくても、必ず相応の結果が返ってくるのです。**それであれば、ストレスをため込まないよう、自分の感情を抑える努力をするほうが、あなたも穏やかに過ごすことができます。結果的には、そちらのほうが得だといえますよ。

Life
人生

仕事でも子育てでも、叱ればいいというものではありません

「人を育てる」というのは、本当に大変なことですね。それは、小さな子が相手であっても、立派な大人が相手であっても、それぞれの大変さがあることは間違いありません。相手を正そうと注意する側はいつも、難しい役割を求められているのです。

子育てにおいて、その役割を担うのは、今でもまだお母さんのほうが多いかもしれませんね。そのせいか、「お母さんは怒ってばっかりだから、お父さんのほうが好き！」とい

うお子さんもいます。その子のためを思って一生懸命やっているお母さんは、やっぱり悲しい気持ちになってしまいますよね。でも、もしかしたら、伝え方を工夫することによって、お子さんもわかってくれるかもしれません。

まず、**仕事でも子育てでも、叱ればいいというものではありません。頭ごなしに強い言葉で注意をしては、素直に聞けるものも聞けなくなるでしょう。**場合によっては、あなたのことを「こわい人」と認識して、心が受け付けなくなってしまう可能性もあるわ。よくないことをきちんとよくないとわかってもらうためにも、柔軟に聞いてもらえるような環境をつくりましょう。

そのためにどうすればいいのかというと、まずは、相手を褒めること。一生懸命やった末の失敗であれば、絶対に褒めてあげられるところがあるはずです。ですから、それを見つけ出して、**最初に相手をたくさん褒めてあげましょう。そして、最後に「だけど、こんなところだけ直せば、もっと素敵になるわよ」と言うんです。**そうすれば、相手も「自分のことを理解してくれているな」「ちゃんと見てくれているな」という気持ちになって、注意もしっかり聞いてくれますよ。

仕事に関してもそう。「今の若い人は打たれ弱くて、厳しいことを言うとすぐに辞めてしまう」なんて言う人がいるけれど、若者たちのせいと言い切れることでもないでしょう。むしろ、自分が理不尽な怒り方をしていなかったか、伝えたい部分をきちんと冷静に口にしていたかを、振り返ってみてください。もし注意をするうえで、感情的になってしまっていたところがあるのなら、それは言い方を工夫しなくてはなりません。乱暴な言葉というのは、根底にどんなに相手を思う気持ちがあったとしても、正しくは伝わらないもの。「自分の性格だから仕方がない」とか、「怒らせるようなことをした相手が悪い」とあきらめないで、どうすれば正しく相手に伝わるか、相手が改善してくれるかを、一番に考えましょう。その努力は、指導する人の義務だともいえますよ。

大人と子ども、大人と大人であっても、きちんと信頼関係を築くことが大切です。そのためにも、まずは相手の頑張りを認めるところから。褒めて、最後に伝えるべきことを伝えてあげましょう。もちろん、相手が気をつけてくれるようになったら、それもまた褒めてあげてくださいね。褒めることは認めることですから、そこに十分に時間をかけて、おたがいを成長させるような絆を築くようにしていきましょう。

Life
人生

不幸ばかり予言する人は、占い師ではないわ

占い師になってまだ日が浅かった頃、私はよく勉強のために、お客さんのふりをして他の占い師のところへ行っていました。「私、結婚できるでしょうか」とか、「仕事がうまくいかないんですけど……」なんて言って、鑑定してもらうんです。そうすると、もちろん素敵な助言をして元気づけてくれる占い師もいるのですが、なかには「あんた、このままではどんどん不幸になるよ」なんて脅かされることもありました。しかも、よくなる方法

を教えてくれるわけでもなく、ただそれだけ。そんなときは、「嫌なことばかり言う占い師なんて役立たずだな。少しでもしあわせになる方法を考えるのでなければ、占いの意味がないのに」と思ったものです。

だって、言うまでもないことですが、**占いですべてが決まるわけではありません。ひとりひとりの気持ちや行動が人生をつくっていくのです。**たとえ運気に恵まれていても、いつも暗い気持ちでいたら暗い人生になりますし、運気が落ち込んでいるときでも、明るい気持ちや行動が明るい未来への道を切りひらきます。それなのに鑑定を受けて不安になるくらいなら、占いなんて行かないほうがマシじゃないですか。

また、こんなこともありました。今から20年くらい前、新宿の母の「にせ者」が現れたのです。それはお客さんに教えてもらって発覚しました。ある日、占いを待つ列に並んでいた男の人が、自分の順番がくるなり「俺の婚約者が、あんたにひどいことを言われて泣いて帰ってきた。どういうことだ！」といきなり怒鳴ってきたのです。よくよく話を聞くと、彼の婚約者が新宿の母に「その結婚はうまくいかないから、別れなさい」と言われた、ということだったので、驚きました。だって、どんなに相性の悪いカップルであっても、「別れなさい」なんて私は絶対に言いませんから。でも、「私がそんなことを言うわけがない」と言っても彼は信じてくれなかったので、後日、婚約者を連れてきてもらったんです。すると彼女は私を見て驚き、「私を占ったのはこの人じゃないわ！」と言ってくれたので、やっと信じてもらえました。

そのことがあって以降、同じような苦情を言うお客さんたちが、つぎつぎと来るようになったのです。娘さんが「会社員に向いていないから仕事をやめろ」と言われたというお母さんや、せっかく家を建てているところなのに、旦那さんが「方角が悪いから住んではいけない」と脅されたという奥さん……。私が決して言わないようなことを言われたという話ばかりでした。

これらは全部、私のにせ者の仕業です。「新宿の母」をかたってお客さんたちを不安に陥れているなんて、許せませんでしたよ。だって私は、「どんな状況でもしあわせになる方法を一緒に探り、お客さんを励まし、前向きな気持ちになってもらうのが新宿の母だ」

という信念を持って、占い師をやってきたんですもの。

だから、にせ者が占っている場所をお客さんから教えてもらって、そんなことはやめるように言いに行ったこともありました。でも、しょっちゅう場所を変えていたらしく、結局見つけられなくて悔しかったわ。

はっきり言って、**不幸ばかり予言する人は占い師ではない、と私は思います。本当の占いは、どんなに悪い状況でも、前向きな気持ちになれるものです。**そういう鑑定をしている占い師が世の中にはたくさんいますから、もし占ってもらいたいときは、ぜひ自分が元気になれる占い師を見つけてくださいね。

お悩み相談 Q&A

Q

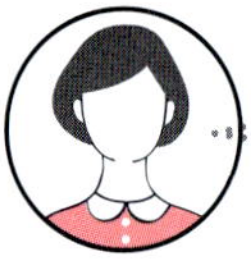

友だちが恋愛だの結婚だのと浮かれているなか、私は仕事一筋で頑張ってきました。男の人と逢うよりも、仕事のほうが楽しいと思っています。その気持ちは変わらないのですが、周囲から「老後はどうするの」と言われて、何だかもやもやします。仕事が好きなのはいけないことですか？

（40代・女性）

A

仕事が好きで、仕事を頑張っていくためには独身のほうが気楽でいい。そんな女性も、近頃は本当に増えてきましたね。私は、もちろんそういう人はそれでいいと思っていますし、とても素敵なことですよ。無理に結婚をしたところで、家庭に収まるのは難しいでしょうし、本人にもストレスになってしまいますからね。

そうはいっても、結婚というのは縁です。何十年も仕事一筋だった人が、ある日運命の相手と出逢って、「結婚することにしました！」なんてことになっても、ちっともおかしくないの。結婚には適齢期というものがあります。それは、世間一般でいう年齢の話ではなくて、本人が「結婚してもいいかな」と思えるタイミングのこと。もし、そんなチャンスが訪れたら、意地を張らないで、誰かと一緒になってみるのもいいものです。仕事も結婚も、自分の心が本当に動いたときに選択すればいいんですよ。これは、他人にとやかく言われて決断することではないのですからね。

未来
Future

《第4章》

すこやかな未来

未来
Future

夢や目標がないからといって、落ち込むことはないわ

夢があるって、素敵なことです。未来に目標を持つことで自然と頑張れますし、人生がよりキラキラと輝いてくることもあるでしょう。そういう人は、見ていて気持ちがいいですね。

だからでしょうか。夢や目標がないといって、悩む人もいるんです。自分の人生がぱっとしないのはそのせいだ、と思い込んでいる場合もあります。

でも、そんなことで落ち込むことはないんですよ。だって、誰だって毎日のなかで、何かひとつは「こうなったらいいな」と思うことがあるでしょう。たとえば、「お肌の調子をよくしたい」とか「職場のあの人ともっと親しくなりたい」とか、小さなことでいいんです。そういった自分の小さな望みを見逃さず、叶えるための努力や工夫を地道に続けていけば、人生はおのずと輝いてきます。

実は、生きていくうえで、大きな夢や目標なんて必要ありません。あったらあったでいいし、なかったらなかったでかまわない。その程度のものです。むしろ夢や目標があるばかりに、それに縛られて、自分の可能性を狭めている人もいるのですから。

本当に必要なのは、今日一日をいい日にしよう、充実させようという気持ちと、今の自分を受け入れる心の器です。それは、自分が成長してきた歩みをしっかりと認めることでもあります。ですから、時には昔の自分を振り返って、「以前はできなかったことが、今はできるようになっている」という確認をしてみてください。きっと、前に進むための自信に繋がるはずですよ。

未来
Future

私の人生が順風満帆だったら、「新宿の母」とは呼ばれなかったでしょう

師匠のもとで占いを勉強しながら鑑定をしていた頃、私はまだ、お客さんたちから「おねえさん」と話しかけられていたんです。それが、独立して自分の看板で占うようになると、「お母さん」とか「新宿のお母さん」などと呼ばれることが増えていきました。当時、私はまだやっと30歳になったくらいの頃。自分とたいして歳の変わらない女性たちから「お母さん」なんて言われて、最初のうちは少し照れくさかったのを覚えています。でも、い

つしか「私はみんなのお母さんになろう」と心が決まっていたんです。

こうして、私は「新宿の母」になりました。

お客さんたちが自然と「お母さん」と呼んでくれるようになったのは、決して順風満帆ではなかった私の人生を、何となく感じとってくれたからかもしれません。

幼い頃に父親を亡くし、子守りをしながら学校に通ったこと。最初の結婚が失敗に終わり、息子を母親に預けて上京したときの身を引き裂かれる思い。占い師になることを親から反対され、勘当までされた胸の痛み、そして申し訳なさ……。いつだって真剣に生きてきたけれど、愚かだったと振り返ることもあります。実は恋愛問題に足をとられて、本気で死にたいと考えていた時期もあったんですよ。

もちろん、そんな自分の人生のあれこれを、相談に来てくれる人にすべて話すわけではありませんけどね。でも、そうやって悩み苦しんだ過去を背負っているからこそ、お客さんが「この人にならどんな悩みを打ち明けても大丈夫」と心を開いてくれるのかな、なんて、ちょっぴり誇りに思う日もあるんです。

未来
Future

親は選べないけど尊敬できる人は、あなたが選ぶことができるのよ

私のところには、地方から家出をしてきた子も、ときどきやってきました。その子は、裕福で恵まれた家庭のお嬢さんだったけど、「母親は継母だから嫌い」「父親は尊敬できない」って。だから、家に帰りたくないと言うのね。

そのまま放っておくわけにもいかないから、その日は自宅に連れて帰って泊めることにしたのだけど、その子が私の本を持っていったらしいことにお母さんが気づき、「きっと

新宿の母のところに行ったんだろう」って、電話をしてきたんです。その頃は、自宅の電話番号を公開していたので、調べればわかったんですね。それで、「いいお母さんじゃない。あなたのことをとっても心配しているわよ」って説得して家に帰したのですが、３ヵ月後にまた家出してきちゃった。よく話を聞いてみると、「両親はケンカばかりしているし、父親は浮気をしていて尊敬できない」って言うの。

だから、今度はお父さんに電話をして怒りました。「裕福でも、そんな家庭環境だから、彼女は家にいたくないのよ」って。お父さんは「わかりました」って納得してくれました。

その後、彼女は家出をしてくることもなくなり、結婚してしあわせに暮らしています。

子どもは親を選ぶことはできません。**尊敬できないと思うこともあるでしょう。そんなとき、親を恨んでも仕方がないのよ。親は親、あなたはあなたです。どうしても尊敬できないのであれば、無理に尊敬する必要はありません。親以外で尊敬できる人間を見つければいいの。あなたが信頼できると思ったその人を信じていればいいのよ。**そして、その人のようになれるよう努力を重ねていってください。

未来 Future

一番近くにいるあなたの味方は、あなたよ

うまくいかない出来事が続くとき、「自分はダメだ」なんて思っていませんか？　たとえば、面接に落ちたり、好きな人との恋が実らなかったりしたとき、自分の容姿や性格のせいにするなど、落ち込んでしまうかもしれませんね。現実の自分と向き合うことは大切ですが、むやみやたらに自分を責めていいというわけではありません。**あなたを磨き、あなたを高めるのは、あなた自身。一番近くにいるあなたの味方は、あなたであるということ**

とを、忘れてはいけませんよ。

環境や人間関係など、今すぐ変えることができない、どうしようもないことに文句を言って、不平不満を募らせるのは自分の心がすり減る行為です。いったん現実を受け入れて、そのなかで自分のできることを少しずつしていくほうが、ずっと前向きです。自分自身のために頑張るには、自分を大切にしようという気持ちがないと難しいわ。「自分はひとりしかいない、この自分で立ち向かっていくしかない」という気持ちを大切にしてください。

自分という現実を受け入れられないで、期待や理想ばかりが高くなってしまうと、どうしても気持ちが後ろ向きになり、だんだんやる気がなくなってしまいます。**あなたがあなた自身を正しく理解するということが、自分の味方をするうえで、大切なことですよ。**

私も、自分のおかれた環境に悩んで、性格が暗くなった時期もあったけれど、この自分で頑張るしかない、変えていくしかないと思って、ここまでやってくることができました。死ぬまでつきあっていく自分です。何があっても、味方でいてあげましょう。

未来
Future

賢いことと、賢そうに見せることは違います

お天気のいい日は、よくお散歩をします。自宅や鑑定所の周りに緑の豊かな場所があって、気持ちよく歩けるんです。お母さんに連れられた子どもに話しかけたり、ご近所の人たちと挨拶を交わしたりできるのも、うれしいひとときです。

こういうゆったりとした時間を持てる日が私にくるなんて、人生ってわからないものね。

昔は自宅と新宿の鑑定場所を往復するばかりの毎日で、もちろん充実はしていたけれど、

今になって振り返ると、少し生き急いでいるところもあったような気がします。

相談に来てくれるお客さんたちのなかにもいるんですよ、仕事に一生懸命になりすぎて、心に余裕のない日々を送っている人が。「私はお散歩なんて、もう何年もしていない。目的もなく歩く時間があったら少しでも寝て、疲れを取りたいんです」なんて言われることもあるわ。

確かに、人生にはわき目も振らずに働く時期があると思います。私もそうでしたから、よくわかりますよ。**けれど、それが何年も続いていて、自分のやりたいこともできない状態なら、一度よく考えたほうがいいかもしれませんね。**

これは特に、いずれは結婚したいという気持ちがある独身女性には、声を大にして言いたいことなんです。もちろん、最近は結婚願望がない人も多いですし、結婚や出産よりも仕事がしたいと心から思っているのなら、かまいません。

でも、「結婚したいけれど、そもそも出逢いがない」とか「いいなと思う人はいるのだけれど、仕事が忙しくてデートもできない」なんていう場合は、まず自分の生活や働き方、本当に大切にしたいことは何か……といったところから見直す必要があるでしょう。結婚願望があるのに、新しい出逢いを探したり好きな人と逢ったりする時間も持てないような生活を続けていては、なかなか結婚まで辿り着けませんからね。

また、「出逢いはあるけれど、なかなかご縁に繋がらない」という人は、一度、普段の自分の態度を思い返してみてください。というのも、**仕事をバリバリしていて頭もいい女性は、ガードが堅すぎて隙がないことが多いの。**それで、男性に「この人は自分なんか相手にしないだろう」と思わせてしまうのです。

でも、本当は賢くても、わざわざ賢そうに見せる必要はないんですよ。結婚というのは男女がおたがいのペースを合わせて、ともに生活を営むことですから、少しくらい間が抜けているほうが人間味を感じさせて、よいご縁を引き寄せることもあるんです。

それから、仕事ができて賢い人ほどはずかしがって、人に紹介を頼むのをためらう傾向があるけれど、それでは得られるはずのチャンスを捨てているようなもの。本当に結婚したいのだったら、人目なんか気にしないで、どうどうとしていましょう。**時にはバカになっ**

たつもりで行動を起こしたほうがいいんですよ。

実は私も、今の夫と出逢うまでに何十回もお見合いをしたんです。知り合いに「誰かいい人がいたら紹介してくれない？」ってどんどんお願いして、たくさんの男性たちと逢いました。お見合いのために、京都まで足を延ばしたこともあったわ。その頃にはすでに占い師として世間に知られるようになっていたので仕事も忙しかったけれど、何とか時間をつくって、今でいう「婚活」を頑張ったというわけ。

だって、結婚したかったんですもの！　一度目の結婚はうまくいかなかったけれど、次こそはしあわせな結婚をするんだって心に決めていたから、なりふりかまわず行動したの。そのおかげで、今はありがたいことに、家族に囲まれてしあわせな毎日を送っています。

未来
Future

思いつめてしまったときは、気持ちを書き出して整理してみましょう

人間関係に関わる相談というのは、私のところにもよく寄せられます。年齢や性別を問わず、人づきあいでの悩みは絶えることがありません。最近は、インターネットが発達して、人との交流の仕方も変わってきたようですね。遠くに住んでいる人とでも、距離の差を感じずに関わることができるのは素敵なことですが、あまりにも簡単に連絡がとれるので、つい遠慮がなくなってしまうという場合もあるようなの。

便利さでいえば、現代のほうが格段に上なのですが、便利がゆえに気づかいが失われてしまうこともあるみたいです。たとえば、携帯電話を持つことによって、いつでもどこでも連絡ができるようになったのはいいのですが、「どうしてこまめに連絡を返さないの！」なんて彼女が怒って、彼氏が辟易している、なんて話も耳に入ってくるほどです。お友だち同士でも同じことがあるようで、すぐ連絡に反応をしないと、仲間はずれにされてしまう、話題についていけないという悩みも寄せられることがあります。

もしも、人間関係に思いつめてしまったら、**自分なりに日記やブログなどに書き出して、気持ちを整理してみるといいですよ。文章にすることで、気持ちが楽になりますし、考えも明確になるわ。**心の風通しもよくなりますよ。ですが、書いた内容はあくまでも人には見せないようにすることです。自分を落ち着かせるだけのものと心得てくださいね。

未来
Future

外見ではなく、中身が大事です

「私はブスだから男性にモテないんです」と言ってくる人は、いつの時代も多いんです。でも、私から見たら、ちっともブスではないの。むしろチャーミングで可愛いわ。そう言ってあげるのですが、「でも、鼻は大きいし、二重顎だし」って返ってくるんですね。「くちびるがぷるぷるしていて素敵ね」とか、「つぶらな瞳がチャーミングよ」って褒めても、「でも……」と続くから、「あなたみたいな鼻は、良妻賢母になれるしあわせな鼻なのよ」と言ってあげると、ようやく「そうかしら？」って笑顔になるんです。

みんな「やせたい」って言うけれど、無理をしてやせてもしあわせにはなれません。太っていても、しあわせな人はたくさんいますし、美人でスタイルがよくても、あんまりしあわせじゃない人もいるんです。**しあわせになれる、なれないは、容姿で決まるものではなく、その人の性格や生き方が引き寄せるものですからね。**

誰かのしあわせを妬んで、「あの人はいいな、それにくらべて私は……」って思うのは間違っています。あなたのしあわせと、他の人のしあわせが、まったく同じであるわけがないのですから。背の低い人が、背の高い人が着るようなドレスにあこがれて着ても、裾を引きずってしまって、綺麗に歩くことはできません。それよりも、背の低い人に似合うサイズのドレスを着たほうが、その人の魅力を存分に活かすことができますし、輝かせてくれるのです。

大切なのは容姿やスタイルなどの外見ではありません。あなたの心……すなわち中身が大事なんです。

未来
Future

嘘にはついていい嘘もあるんです

昭和30年代は、若い女性のお客さんの場合、結婚の相談がほとんどでした。ある日、おとなしそうな女性がおずおずと訪ねてきたんです。「結婚できますか?」というので、生年月日を聞いて、「大丈夫よ。来年あたりいい出逢いがありそう」ってアドバイスをしたら、なぜか黙っちゃったんですね。それでよく話を聞くと、「私、もうお嫁にいけない身体なんです。悪い男に騙されて身体を許しちゃったの。こんなことが相手に知られたら破談になっちゃう」って泣くんですよ。

当時は、結婚前に男性と関係を持つと「もう結婚できない」と悩む女性が多かったの。その頃は、結婚しないと女性は生きていけないと言われていた時代で、今のように女性が仕事してひとりで生きていくなんて考えられなかったのね。それで彼女は、誰にも相談できなくて私のところに来たのでしょう。だから、「誰にも言わずに知らんぷりしていなさい」って伝えました。黙っていればいいんです。それは、今の時代でも同じです。

それから30年以上経つと、今度は10代の女の子たちがやってきて、「妊娠しちゃったみたい……先生、どうしよう」という相談が増えてきました。中学生、高校生ぐらいの子がですよ。夏休みに遊びに行った先で知り合って、その場のノリでセックスしちゃったけれど、相手からはその後の連絡は一切なく、聞いていた連絡先もでたらめだった……ということがよくあったの。どうしても親には言えないって地方から出てきた子もいました。そんな子たちをそのまま放っておくわけにもいかないから、病院につきそって行きましたよ。手術をして気持ちも落ち着いたのか、あとから親御さんと挨拶にきてくれた子も多かったわね。彼女たちに必ず言っていたのは、「このことは、誰にも話さなくていいのよ」って。これは、言わなくてもいい嘘。ついてもいい嘘なんです。

嘘をつくのは、よくないことです。でも、時には、嘘をついたほうが、みんながしあわせになれる……そんなときもあるんですよ。人を傷つけないためにつく嘘は、ついてもいいと思うの。そしてそれは、嘘ではなく、思いやりの心なのだと思います。

また、誰かに何か注意をするとき、そのままストレートに言うと角が立ったり、相手を傷つけてしまったりすることがあるでしょう。でも、直してほしいから注意をしなくてはいけない。そんなとき、「私も○○なんけど……」って、本当はそうじゃなくても言っちゃうの。それで、「おたがいに直していこう」と続けると相手も素直に聞いてくれるんじゃないかしら。もちろん、あからさまな嘘ではすぐに嘘だとバレてしまうのでいけませんが、「私も実はね……」って言ってあげられるようなことであれば、「あなたも実はそうだったんだ。でも、そうは見えないから凄いな」とあなたを見習おうという気持ちになるものです。「嘘も方便」という言葉もあるでしょう。

また、人は褒められると「その気」になることもありますからね。その人のことを、「あなたには、才能があると思っているの」「こんなことができるのは、あなたしかいないわ」と、嘘でもいいから褒め続けてあげると、その人も最初は信じなくても、「そうなのかな？」と思ってぐんぐん成長していくこともあるわ。注意するときと褒めるとき、**臨機応変に嘘をつかいわけるのもいいと思いますよ。**

会社でも、理不尽なことで上司に注意されたときは、とりあえず素直なふりをして、「はい、わかりました」って聞いておけばいいの。そこで「それは、違うと思います！」って、真正直に反発してしまうと、あとあと面倒なことになる場合もありますからね。上司も、冷静になってみて自分が間違っていたことに気がつけば、「あれは、自分が間違っていた。すまなかった」と謝ってくるはずです。そのときは損をしているような気持ちになっても、実は上司を立てた大人の対応をしてくれたと信頼度が上がり、結果的にはあなたにとっても得なんですよ。それに、上司が間違っていて、あなたが正しいということが明らかなら、周囲の人たちが必ずあなたの味方をしてくれるはずです。

未来
Future

気休めは言いません

私はずっと、相談に来てくれる人たちが少しでも明るく前向きな気持ちになってくれるように、ということを信条に鑑定をしてきました。でも、気休めは言いません。自分で何とかすることを最初からあきらめて他力本願になってしまっている人には、厳しいことも言いますよ。だって、**自分の力を信じないことには、しあわせから遠ざかるばかりですからね。**

たとえば、お金の問題で悩んでいる人に、こんなアドバイスをしたことがあります。「自己破産という方法もあるんですよ」って。その人は借金に借金を重ねてにっちもさっちもいかなくなっているところに、「一攫千金を狙える方法はないか？」「そうでなければ、せめて、またどこかからお金を借りられないか？」と聞いてきたんです。タナボタ式でお金を手に入れるか、よそから借りたお金で何とかしようということしか考えられなくなっていたのね。

それで私のところに相談に来たのだけれど、最初は抵抗されましたよ。「自己破産をして、また一からやり直す自信がない」って。おかしな話でしょう？　借金で首が回らなくなっているということは、一どころかマイナスの状態なのに、そのほうがいいって言うんですもの。

でも自分の力を信じられなくなっていると、そういう間違った選択をしてしまうものなんです。それで自分でも気づかないうちに、悪いほうへ悪いほうへと突き進んでしまう人もいます。

そういう人たちにとっては、私の言葉は耳が痛いかもしれません。でも、帰るときには絶対に笑顔になってもらえるように、私も必死で鑑定します。相談に来てくれた人がしあわせになる道を全力で探って伝え、励まします。それは決して、気休めではありません。**その人が自分自身の力を取り戻し、正しい判断で人生を歩んでいけば、絶対にしあわせになれると信じているから、本気で言うんです。**その気持ちが通じると、最初は暗い声でぼそぼそと話していた人もほっとした表情になり、目に力がみなぎってきます。

こんなふうに説得力のある言葉をかけられるのが、占いのすばらしいところだと思うわ。占いというのは本質的には統計学ですから、勘や経験だけをよりどころにするアドバイスとは違います。世の中には「占いなんてインチキだ」と思っている人も多いけれど――そう言いたくなる気持ちもわかりますが――実は、科学的な側面もあるんですよ。

そして、その統計学に基づく相談者の特性を鑑定から読みとり、どう解釈して伝えるかというところで、占い師の力量が問われるわけです。お客さんの気質や運気をみるだけでは、占い師は務まりません。時代によって移り変わっていく価値観や世の中の景気、人々の生活スタイルなども考えあわせたうえで、よりよい道を提示しなければならないのですからね。

そもそも、時代が変われば職業の種類だって変わってきます。私が新宿に立ちはじめた60年前は、「IT関係の仕事をしています」なんて言う人はいなかったもの。こういった時代の変化についていくために、占い師は常に勉強し、自分の感性を磨いていく必要があるでしょう。占いの道にゴールはないのです。だから私も、悩みを抱える人たちの心に届く鑑定をするために、新聞やテレビで毎日ニュースをチェックして、若い人たちと話す機会もなるべく持つようにしています。

未来
Future

声の迫力というのは、あなどれないわ

日曜日がくるのを毎週、心待ちにしていた時期がありました。別に、休めるからではないんですよ。日曜日だろうが祝日だろうが関係なく、新宿で毎日鑑定をしていた頃のことですから。一番忙しかった時期じゃないかしら。当時の私には、曜日なんて関係なかったんです。

ただ、あるときから、日曜日には新宿の大通りで歩行者天国が開催されるようになって、それが待ち遠しかったの。車の音がしないのがうれしくてね。

というのも、私は新宿のなかでも車の通りが一番激しい道路沿いで鑑定をしていたので、普段は車が行き交う音に負けないように、無理に大きな声を出してお客さんと話していたのですが、歩行者天国のときはそんな心配をしなくていいから、喉が楽だったんです。もともと声には自信があったので、休みなく毎日毎日喉に負担をかけても何とか続けていられたけれど、やっぱり普段はきつかったんですよ。

そうやって、だましだましやっていたのですが、排気ガスや光化学スモッグによる大気汚染が甚だしい時代だったこともあって、喉の調子はどんどん悪くなっていきました。そして、ついにはしゃがれたガラガラ声しか出なくなってしまったんです。これ、占い師にとっては由々しき問題なんですよ。だって、おばけみたいな声の占い師なんて、縁起が悪くて仕方ないじゃないですか。せっかく相談に来てくれたお客さんたちに申し訳なくってね。

それで、これではいけないと思って、いろいろな声の出し方を試した結果、最終的に腹式呼吸に辿り着きました。これが、とてもよかったんです。喉だけでなく身体全体の調子がよくなったし、何より、お客さんにより強く気持ちを伝えられるようになったの。そりゃあ、同じアドバイスをされるのでも、ヘナヘナのヤワな声で言われるのと、腹の底からガツンと言われるのでは、受け止め方が違ってきますよね。声の迫力というのはあなどれないな、と実感したものです。

このとき、お腹から声を出す方法を身につけられたのは、私の一生の財産だと思っています。だって、ずっと無理して喉を酷使していたらいつか声が出なくなって、占い師を続けていられなかったかもしれないというくらい、ひどい状態だったんですもの。

そんなときでも変わらず来てくれたお客さんたちには、本当に感謝しています。「お母さん、たまには休んだら?」なんて言って、のど飴をくれたりお茶を差し入れてくれたりしたこと、今でも忘れません。

それに、私自身が落ち込んでもすぐに立ち直れるのは、この声のおかげのような気がするんです。特にお客さんを鑑定しながら話していると、どんどん元気になってくるの。「先生の声は張りがあって、聞いているだけで励まされますね」なんて言ってもらえることもあるのだけれど、聞いている人より、実際に声を出している私のほうが励まされているんじゃないかっていうくらい、力が湧いてくるんです。

だから、**どうしても自信が持てなくて、後ろ向きな考え方をしまうという人には、声だけでもお腹の底から大きく出すようにしてねって言うんですよ。それだけで気持ちが強くなってきますから！　本当ですよ。**だまされたと思って、やってみてくださいね。

未来
Future

あなたが本気なら、その思いは必ず伝わります

「あなたは、自分で強く生きる道を探しなさい。そうすれば、絶対に成功します。頑張るんですよ」――これは、失意のどん底で生きる気力を失っていた私を救ってくれた占い師の言葉です。この占い師の先生に、私は後日、弟子入りしました。

とはいっても、当時は占い師といえば、中年以上のおじさんがする仕事だと思われてい

た時代。決してすんなりと弟子にしてもらえたわけではありません。女の私が20代の若さで占い師になろうなんて、常識はずれもいいところだったのです。「女の弟子はとらないから」と断られ続けました。

でも、何回断られてもあきらめる気になれず、お願いに通い続けて、ついには先生の仕事を勝手に手伝うようになったんです。それからは、先生がお客さんに話していることを、私はそばでおみくじを売りながら聞いていました。「占いを勉強するために、少しでも先生の近くにいたい」という気持ちが、自然とそういう行動になったのです。

そんな日々が3ヵ月も続いた頃でしょうか、弟子入りを許してもらえたのは。「あんたには負けたよ。女だけど骨がありそうだから、教えてあげよう」と言われたときは、本当にうれしかったわ。

人生、最初から思いが通じることばかりではありませんよね。でも、**本気の思いがあったら、それは自然と行動に表れるでしょう。そして、行動というのははっきりと目に見えるものだからこそ、相手にも伝わるのだと思います。**

お悩み相談Q&A

Q

何事にもなかなかやる気が出ず、しかも飽きっぽい私。仕事もすぐに辞めてしまうし、恋人とも長続きしません。変わらなきゃ、とは思っているのですが……どうしたらいいですか？　（30代・女性）

A

恋でも仕事でも、しばらく向き合っていると、嫌なところが見えてくることがあるでしょう。そうすると、ほかのものに目移りしてしまう……という人は少なくありません。これが、自分の天職を見つけたいとか、運命の人と結ばれるまで妥協をしないという気持ちの表れであればまだいいのですが、なかには「何となく嫌だから」という程度で、放り出してしまう人もいるようですね。

そういう人はできるだけ、自分のおかれた環境や、関わっている相手の「いいところ」を探すようにするといいですよ。欠点を見つけるよりも、意外といいところを見つけるほうが難しいんです。

でも、いいところを見つけられる人は人から好かれるの。そうすれば、職場の人間関係もうまくいきますし、恋人もきっとあなたにやさしくなるでしょう。

少しずつ考え方を変えていくようにすれば、自然といいほうへ向かっていきますよ。

Happy
幸

《第5章》

しあわせになろうね

Happy 幸

占いの相性が悪くても落ち込まないで

「占いでみると、彼との相性が悪いのですが、どうしたらいいでしょうか?」そんな相談が多いのは、今も昔も変わりません。確かに、占いでみて、もともとの相性がどうしてもいいとは言えないカップルというのも存在します。何かと意見の衝突が多かったり、すれ違ってしまったり。相手の言った何気ない言葉に傷つきすぎてしまったりすることがあるの。

でも、「だから私とあの人はダメなんだ」なんて、落ち込まなくていいのよ。たとえ生まれ持った相性が悪くても、ふたりの関係をよくするための工夫はいくらでもできるんです。

私と古くからおつきあいのある、女性漫才師の内海桂子師匠。95歳を迎えた今でも、現役で舞台に立っています。そんな彼女から30年ほど前に、今のご主人と「一緒になろうかどうか迷っている」と相談を受けたことがあるんです。占いでみると、確かにおふたりの相性は悪く、すれ違いなどが起きやすい星の生まれだったのね。でも、私は「**相性が悪いからといって、あきらめなくていいの。ふたりが相手を思いやって、ていねいに接するようにすれば、相性の悪さなんて乗り越えられるのよ**」とお話ししました。おふたりの関係を見ていても、相性なんて跳ねのけてしまえるほどの愛が感じられたんです。それで、おふたりの結婚に太鼓判を押しました。今でも、桂子師匠とご主人は、仲睦まじく暮らしていらっしゃいます。

先日、私の鑑定歴60周年記念のパーティーが行われたのですが、その会にも、おふたり揃って、ビデオレターで祝福のメッセージをくださったのよ。今でもときどき、ご主人にむっとすることはあるみたいだけれど、あの日背中を押されたことを思い出して、我慢するところは我慢をし、きちんと話すところは話して、関係を良好に保つ努力をしていらっしゃるんですって。

当時は桂子師匠も、「どの本でみても、ふたりの相性が悪いと書いてある」と肩を落としていました。同じように、占いの結果によって自信をなくしている人は多いみたいですね。でも、相性がよいという結果が出たふたりが、何の努力もせずに、おたがい言いたい放題にしていたら、ふたりの関係は悪化するだけです。それと同じで、たとえ多くの占いで相性が悪いと言われたとしても、ふたりの努力次第で関係はよい相性に変えていけるんです。

結局のところ、恋人同士で一番大切なのは、思いやり。相性が悪いからって、それは「あきらめなさい」「別れなさい」という意味ではありません。だからこそ、「普通より努力しなさい」ということを、占いは教えてくれているんですよ。普通よりも努力して、思いやって、相手のことを尊重すれば、相性なんて気にならなくなります。

たとえ違う価値観を持っていたり、タイミングが噛み合いにくい者同士であったりしても、ふたりでしあわせになる努力ができるのならば、まず心配はいりません。親密になればなるほど、相手に自分の気持ちを伝えるのを怠ってしまいがちですが、「言わなければ伝わらない」ということが身にしみてわかっているふたりならば、いつまでも仲睦まじくいられるはずですよ。

Happy
幸

しあわせのかたちを、誰かとくらべる必要はありません

「あなたは今しあわせですか?」と聞かれて、皆が「はい、しあわせです!」と答えられるかというと、なかなかそうもいかないようですね。では、しあわせっていったい何なのかというと、ついつい人とくらべてしまい、自分の中の答えを明確にできない人もいるのではないでしょうか。でも、そもそもしあわせというのは誰かとくらべるものではありませんし、大きい小さいで量るものでもないのです。

しあわせというのは、例をあげるならば、満足感だといえるのではないかしら。自分の生活や、自分自身に満足できている人は幸福感も大きいし、満足できていない人は不幸を感じやすい……ともいえますね。でも、そのしあわせをどうやって手に入れるかというと、それは自分自身の努力しかないのです。

自分なりに満足ができるように、何かに取り組んだり、人と関わったりする。ぼーっと座っていたからといって、誰かがしあわせを運んでくれる、というわけではありません。あなたも生まれてきたからには、しあわせになる権利があるし、それは義務だとも思うのよ。その義務を果たすために、**自分がしあわせになるためには、どんなことが必要なのか、どんな暮らしをしたいのか、しっかり考えて、それに向かって真剣に取り組んでほしいのです。**

人々がしあわせになるということは、社会全体のしあわせにも繋がります。皆が機嫌よくいれば、人と人が揉めることも少なくなりますから、こんなにいいことはないわ。自分のしあわせは、自分のためだけのものではないんですよ。

そして、しあわせというものは、自分がいかにしあわせだと感じられるかも重要です。小さなしあわせは、毎日、瞬間的にたくさん起こっているものなの。それをいかにしあわせだと気づけるか、感じられるかで、あなたが得られるしあわせの数が変わってくるんです。たとえば、今日は外出するのに気持ちのいい天気だったとか、寄り道したら素敵なお店に出逢えたとか、どんなささいなことでもいいの。**しあわせに対するアンテナを敏感にして、ひとつひとつの物事を大切に受け止めていれば、あなたがしあわせを感じる頻度はどんどん高くなっていくはずですよ。**

そんなあなた自身が感じたしあわせを、小さなものだとバカにする人がいたら、「きっと心の寂しい人なのね」と思って、取りあわなくていいんです。しあわせのかたちや大きさは、人とくらべるものではありません。ある人から見て、そのしあわせが小さいものだったとしても、あなたがそれを大きなしあわせと感じられるのであれば、気持ちの明るさは変わってくるでしょう。

絶対的なしあわせというものはこの世にはありません。だったら、たくさんしあわせを感じられるあなたになったほうが、ずっといいわ。揺るぎない安定を求めるよりも、日々かたちを変えていくしあわせを感じとれるようになりましょう。そして、何でもかんでも自分のものさしで測ろうとする人のことは、気にしてはいけませんよ。あなたにはあなたのしあわせがありますからね。

Happy 幸

「不倫」で心のすきまを埋められますか?

今も昔も、不倫の相談をされることは多いです。週刊誌やテレビのワイドショーで芸能人の不倫が騒がれることがありますが、芸能人でなくても、不倫をしている人ってたくさんいるんですね。

私の場合、不倫をして悩んでいる女性と、旦那さんに浮気をされて悩んでいる奥さん、どちらの立場からも話を聞く機会があります。これは、奥さんが苦しんでいるのはもちろんですが、私のところに相談に来るくらいですから、不倫女性のほうも単なる遊びではありません。本気で相手の男性を愛しているので、つらいんです。

でも、不倫の恋というのはほとんど成就しませんね。これは、長年いろいろな不倫のケースを見てきて、つくづく思うことです。

だから私は、不倫している女性が相談に来たときは、最初にはっきりと言います。「不倫はよくないですよ」って。別に、法律や道徳的な観点から言うわけではないんですよ。そういった問題も確かにあるでしょうが、それよりも、不倫をしている女性の人生を滞らせるという意味で、そんなふうに言うんです。

それから、相手と何年つきあっているのかを聞いて、状況を探ります。たとえば、つきあって半年くらいで、すでに奥さんと別居しているのなら、不倫ながらも真剣な気持ちが男性の側にもあるのでしょう。それでも、実際に離婚までするかどうかは別ですけどね。というのも、離婚というのは本当に大変なことだから、不倫して最初の頃の盛り上がりが落ち着いてくると、男性は面倒くさくなってくるんですよ。それで、「こんなに大変な思いをするくらいなら、今のままでいいか」となる。そうこうしているうちに、しばらくしたら家庭に戻ることがほとんどです。夫婦の繋がりというのは、そう簡単に切れるものではないんですね。子どもがいたら尚更でしょう。

また、「妻とはそのうち別れる」とか「子どもが学校を卒業したら」などと言って、不倫関係のまま何年もずるずると続いている場合は、もっといけません。ですから、「このままいっても、その男性とは結婚できませんよ」と伝えます。そこできっぱり別れるか、それとも不倫と割り切って関係を続けるかは本人が決めることですが、私はやはり不倫をやめない限り、その人が心から満たされることはないと思います。

もちろん、そこにおたがいの相性や運気などが複雑に絡み合ってきますから、細かい状況は変わってくるでしょう。そういったことも、鑑定ではみていきます。

ですが、これまでたくさんの不倫の相談を受けてきて思うのは、何だかんだと理由をつけて離婚を先延ばしにする男性は、口ではどんなにいいことを言っていたとしても、自分のことしか考えていないということなんです。その次に気にするのが奥さんや子どものことで、不倫相手の女性については一番最後。そんな、後回しにされるような関係を続けて、本当に心のすきまを埋められますかって聞きたいんです。

不倫をするのは、寂しい人です。それは、独身だろうが既婚者だろうが、関係ありません。寂しい者同士が引き合うのが不倫なんです。間違えないでほしいのですが、不倫の恋だから寂しい、ということではないんです。もともと寂しいから、不倫の罠に落ちるんです。

だから、**不倫の苦しみを根本的なところから乗り越えるためには、相手を見るのではなく、もちろん相手の家庭を見るのでもなく、自分の寂しさを見つめる必要があります。**それは、不倫で一時的にごまかすことはできるかもしれませんが、本当の意味で癒やすことはできません。**寂しい自分を受け入れて、大切にしながら前に進むなかで、自然に癒やされていくものなんです。**

そのためにも、寂しさから逃げないでください。逃げようとすればするほど、寂しさに足をとられます。そうではなく、自分の寂しさとしっかり向き合ったとき、愛していると思っていた相手の本当の姿が見えてくるはずです。

Happy
幸

笑顔でいるかぎり、出逢いはたくさんあるわ

「これから先、おつきあいも結婚もできないかもしれない」……そんな悩みは、年齢性別を問わずたくさん寄せられます。特に、仕事が忙しくて、毎日が家と職場の往復で終わってしまうという声は多いんです。そのまま何年も過ごしていると、確かに心配になりますよね。でも、そんなに深刻にならなくてもいいのよ。あなたが前向きに、笑顔でいるかぎり、出逢いはいくつになってもあります。

ご縁というのは今も昔も同じで、かわいい人のもとに集まってくるんです。でも、かわいいというのは、顔の造形のよし悪しではありませんよ。素直で、明るい、かわいがられる人ということです。あなたがかわいい人だと多くの人にわかってもらうためにも、必要なのは「笑顔」ですよ。

逆に、どんなに整った顔立ちをしていても、態度が悪かったり、言葉がきつかったりしたら、人々は寄りつきません。もしかすると最初は人が集まってくるかもしれないけれど、本性を知るなり、皆すぐに離れていってしまうわ。

男の人の前でも、女の人の前でも、いつもニコニコしていましょう。そして、返事をするときにはハキハキ「はい！」って言ってくださいね。面倒くさそうに「はいはい」と言うのは、よくありませんよ。もしも何か自分がミスをしたら、きちんと「ごめんなさい」が言える人でありましょう。何かをしてもらったときは、明るく心を込めて、「ありがとう」と伝えるようにしてください。しばらくそれを心がけていれば、自然と人との良縁を引き寄せるようになりますよ。

「私は、明るくハキハキ人と話せないから無理だわ」という人もいるかもしれませんが、それならばもう少し工夫が必要です。まずは、あなた自身が好きになって、夢中になれるものを見つけることです。たとえば、聴いていて気持ちが晴れやかになるような音楽を探す、とかね。そうすれば、同じ音楽が好きな者同士、集まりやすいでしょう。**共通の話題があると、人は自然と笑顔になって、仲よくなりやすいの。好きなことの話をするのに、ぶすっとした顔をしている人はいないでしょう。**そして、そこから親密なご縁が生まれることもあるんですよ。

もしくは、人と出逢いやすい場、人と話しやすい環境というのを求めて、足を運んでみるというのも大切です。たとえば、スポーツクラブなど、意欲があって明るい人が集まりやすいところね。たとえうまく話せなくても、ここであなたの「笑顔」が生きてくるのです。周囲にはつらつとした人たちがいると、何となく、「自分も頑張ろう！」という気持ちになってきますよ。自分なりに意欲を持って、一生懸命身体を動かしているうちに、知らない人と自然におしゃべりできるようになっていた……なんてことも、よく耳にします。

あなたが自分のことを必要以上に卑下したりせず、いつも前を向いて過ごしていれば、縁というのは引き寄せられるものですよ。くよくよせず、顔を上げて前に進むことによって、これまで見落としていた出逢いにも、気づけるようになるかもしれません。思わず遠回りをしたくなるような、軽やかな気持ちが湧いてきたら、ぜひ足まかせに歩いてみましょうね。

Happy
幸

運がいいというのは、「今こそ行動しなさい」という意味なのよ

もし占いで「運がいい」と言われたら、皆さんうれしくなるのではないのかしら。どんないいことが起こるのか、素敵な出逢いが舞い込んでくるのか、ワクワクするかもしれませんね。でも、ときどき、「運がいいと聞いたから期待していたのに、何も起きませんでした」というふうに言う人がいるの。**「運がいい」というのは、あなたの運を決定づけるものとはちょっと違います。実は、「あなたが運を味方にできるとき」という意味なのです。**

ですから、これまでの日と同じように、普通に過ごしていては、なかなか変化は起こりにくいものなのですよ。

たとえば、出逢いを求めている人は、運がいいと言われたら、いつもと違った行動をしてみましょう。これまで気になっていたけど入れなかったお店に立ち寄るとか、通勤ルートを変えてみるとか……。そうすると、あなたの行動に運気が味方して、思わぬ素敵な展開を見せることになるんです。友人や知人に対して、「いい人がいたら紹介してほしい」とアピールするのもひとつですよ。ぜひ、外に向けた新しい行動をとってみてください。

自分なりに、「運が味方してくれるから、動いてみよう！」と思える人は、本当に輝いて見えるわ。いつもより気力も充実して、人を引き寄せるようになるの。あなたがそうやって、いい結果の占いを人生の参考資料にして行動することは、アドバイスをする私にとってもとてもうれしいこと。結果に満足して終わってしまうのはもったいないわ。

ぜひ、しあわせのために動いてみましょうね。

Happy
幸

あなたの人生の主役はあなた自身です

コンプレックスというのは、多かれ少なかれ誰もが持っているものではないでしょうか？　それは、放っておくと、どんどん大きくなってしまいます。そして、「自分はダメなんだ」って自分で自分を追い込んでしまうのね。そんなふうに、最初に自己否定から入ると失敗しやすくなってしまいます。そしてまた、劣等感を重ねてしまうの。悪循環ですよね。

でも、一度や二度失敗しても、あなたが気に病むほど、周囲の人たちはそのことを気にしていません。もちろん、同じ失敗を何度も繰り返すのはよくありませんから、どうすれば失敗しないかをよく考えて、次からは失敗しないように気をつければいいの。そのとき、「失敗したら、どうしよう……」と不安な気持ちのまま挑んでいたら、心が委縮してしまって、うまくいくものもいかなくなってしまいます。ですから、何事も「私は大丈夫！」と自信を持ちましょう。誰にだって、必ず得意なことや、いいところがあります。**あなたの得意なことや、いいところを探して、それを活かしていけば自信に繋がり、コンプレックスも自然に消えていきます。同時に、あなたの人生をもっとしあわせなものに変えていくのです。**

しあわせになるために大切なことは、「自分」を好きになること。挫折したり、落ち込んだりしても、あなたには「自分」という強い味方がいます。「自分」はいつもあなたに寄り添い、あなたのことを支えてくれるでしょう。あなたが「自分」を好きでいれば、自然と「自分」に自信が持てるようになるはずです。そうすれば、失敗することはなくなっていきますよ。

ただし、自分に自信を持つことと、うぬぼれることは違います。うぬぼれて自己満足してしあわせな気持ちになっているだけならいいのですが、それを周囲にひけらかしたり、自慢したりしてはいけませんよ。怠惰な気持ちがミスに繋がりますので、何事にも真摯な気持ちで取り組んでいきましょう。

そして、大切なことは、**あなたの人生の主役はあなた**なのだということ。あなたが主人公の物語を、身を持って体験しているのですよ。ですから、**自信を持って生きていいの。しあわせになっていいんですよ。あなたのしあわせは、あなたの『人生』という物語に用意された、あなただけのものなのですからね。**

《第6章》

九星別10年運グラフ

自分の本命星（九星）は、156ページの「九星早見表」で調べることができます。

一白水星

好調なスタート。2022年だけ気をつければ ふたたび運気上昇。快調な10年に。

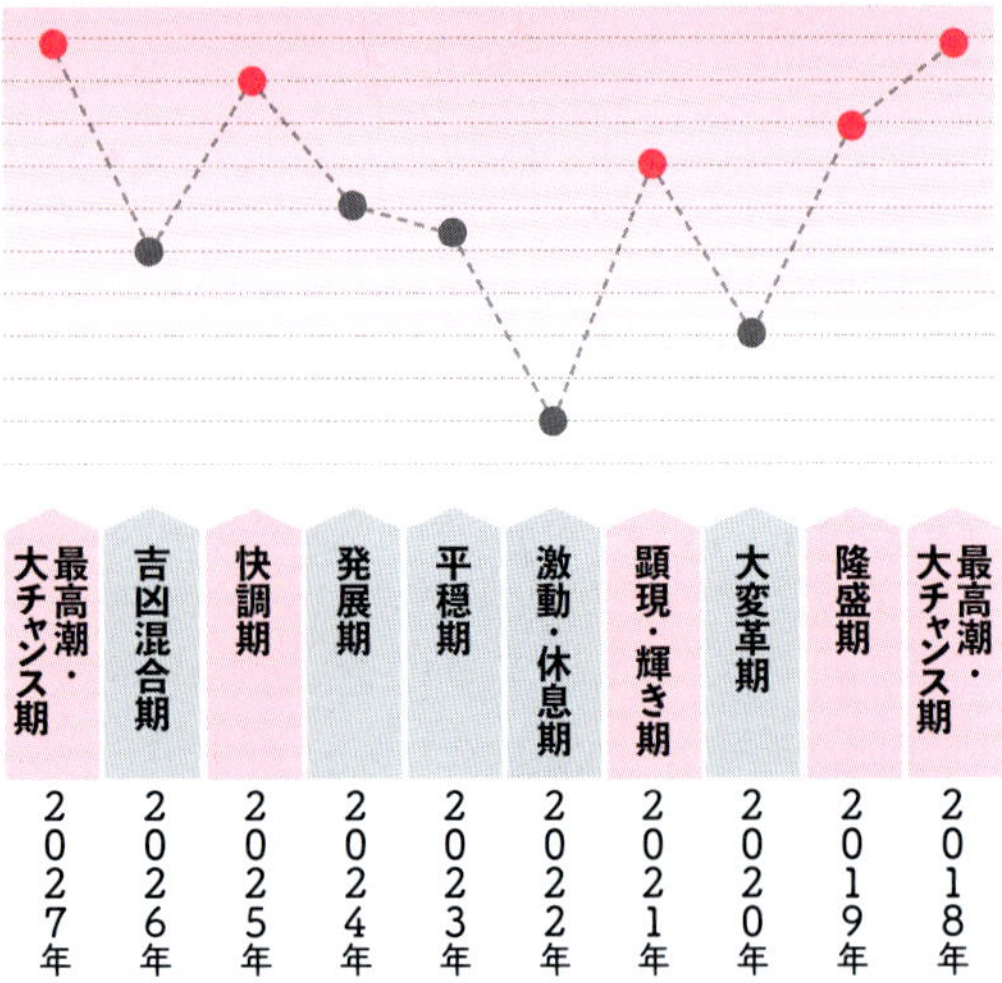

【2018年】最高潮・大チャンス期

運気最高潮のこの年。頑張ってきたことが報われ、何をやっても思い通りに進むはず。これまであなたが尽くしてきた人たちからの協力もありそう。自信を持って活躍することで、さらなる幸運を手に入れることができるでしょう。

【2019年】隆盛期

引き続き好調期。特に人間関係運が好調です。これまで以上に人脈が広がり、新しく出逢った人たちのなかには、今後あなたの人生に大きな影響を与える人もいそうです。人が集まる場所には積極的に参加することが開運の鍵に。

【2020年】大変革期

今後のあなたの人生の分岐点になるかもしれない重要な年です。何かの選択を迫られたり、迷ったりすることが増えてくるかも。一時的に物事が停滞することもありますが、しっかり考えて出した結論は、やがて大きな飛躍に繋がるはずです。

【2021年】顕現・輝き期

魅力が輝き、一気に注目を集めるようになるとき。努力してきたことが実り、高い評価を浴びるでしょう。それが自信となり、外見にも魅力として溢れ出します。ただし、光が当たることで、都合が悪いことまで見えてくるので要注意です。

【2022年】激動・休息期

前年のまま勢いよく走り続けていると、途中で「あれ？」と思うようなことがありそう。何をやってもうまくいかなかったり、よかれと思ってしたことが逆効果になったりしがち。いつも以上に慎重に控えめに過ごすといいでしょう。

【2023年】平穏期

運気は徐々に上昇。特に仕事面では、やりたいことが出てくるなど、意欲が湧いてきます。髪を切ったり、部屋の模様替えをしたりすると、厄落としになりますから、立春を過ぎたら気分転換を兼ねて行動してみるといいでしょう。

【2024年】発展期

気持ちが前向きになって、何か新しいことをはじめたくなるかもしれません。これまでやりたいと思っていても、きっかけがなかったり、勇気が出なかったりしたことがあれば、是非スタートさせてください。新たな世界が広がります。

【2025年】快調期

恋愛運が絶好調。**新しい出逢いがあったり、恋人との関係が発展して結婚話が持ち上がったり、伴侶との関係が深まるなど、しあわせを実感することが増えそう。**周囲に気をつかいすぎることなく、素直なあなたで相手と接していきましょう。

【2026年】吉凶混合期

周囲からの注目を浴びて、気分よく過ごせるでしょう。ですが、有頂天になってしまうと、あなたを妬む人から足元をすくわれる可能性もありますので注意。いつも以上に謙虚に、周囲への気配りを忘れないようにしてください。

【2027年】最高潮・大チャンス期

注目を浴びて、気分よく過ごせる1年。**飛躍の年ですから、自信を持っていろいろなことにチャレンジを。**あなたを支援してくれたり、適切な助言をくれたりする人との出逢いもありそう。**前向きに過ごすことが、さらなる幸運を招きます。**

二黒土星

前半は、山あり谷あり。中盤以降、運気はぐんぐん上昇。

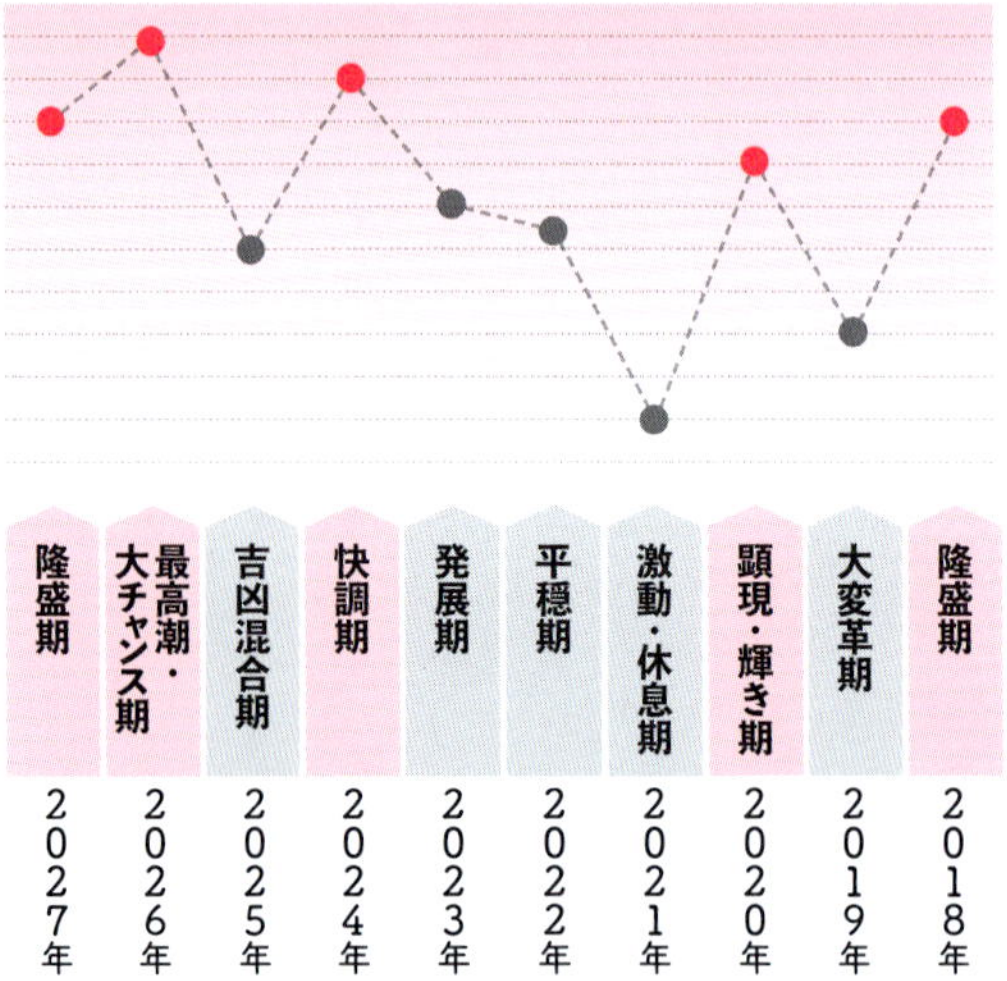

【2018年】隆盛期

人間関係運が抜群。普段は自分から積極的に動くのは苦手でも、**人が集まるお誘いには、積極的に参加して、いろいろな人と交流を深めていきましょう。**その後のあなたの人生に大きな影響を与えてくれる人との出逢いがあるかもしれません。

【2019年】大変革期

何かと迷いが多くなるかもしれません。じっくり慎重に考えないと結論を出せないあなたですが、輪をかけて考え込む時間が増えそう。はじめのうちは物事が停滞して不安になるかもしれませんが、その後は大きく飛躍していくはずです。

【2020年】顕現・輝き期

あなたの魅力が光り輝く年。いくら控えめにしていても、あなたに注目して同性異性を問わず声をかけてくる人が増えてくるでしょう。警戒心の強いあなたですが、**相手を信用して少しずつでいいので、自分を見せていくと開運に繋がります。**

【２０２１年】激動・休息期

運気はいったん落ち着きます。周りに集まっていた人たちも、いつの間にか去っていきますが、最後に残った人たちがあなたにとって大事な存在になるでしょう。無理をしないで、これからやりたいことをじっくり考えるといいですよ。

【２０２２年】平穏期

少しずつ運気は回復。**仕事、家庭ともに、中心を支える大きな存在となってサポートしていくことができる**でしょう。高い評価を得られ感謝の言葉を受けて、ますます頑張るあなたですが、頑張りすぎて身体を壊さないよう注意して。

【２０２３年】発展期

新しいことをはじめたくて、わくわくしてきます。普段は、冒険することなんて考えられないあなたですが、この年は果敢にやりたいことに挑戦していこうと思うように。その気持ちに躊躇しないで一歩踏み出すことが、開運に繋がります。

【２０２４年】快調期

運気は快調。**新しい出逢いがあったり、恋人や伴侶との親密度もさらに深まったりするとき**です。仕事運も好調で、前年にはじめたことは、軌道に乗ってますます上昇できるでしょう。滞っていたことがあれば、この年に結論が出そう。

【２０２５年】吉凶混合期

これまでの頑張りが認められますが、あなたを妬んで引きずり降ろそうと考える人もいそうなので注意を。また、あまり頑なな態度でいると、物事が八方塞がりになってしまいますので、勇気を出して飛び出して。新しい世界が広がります。

【２０２６年】最高潮・大チャンス期

前年に勇気を出して、自分の可能性を広げた人ほど、運のよさを実感できるとき。あなたに助けられた人からの協力もあり、たいていのことはうまくいきます。**「やりたい」と思ったことは、勇気を出して挑戦を。**翌年の開運に繋がりますよ。

【２０２７年】隆盛期

何かとお誘いが多くなりそう。倹約家のあなたですが、交際費は出し惜しみすることなく、いろいろなお誘いに応えていきましょう。**金運にツキがあり、思わぬ臨時収入もありそう。**ただ出費も多くなるので、毎月の収支はきちんと記録を。

三碧木星

運気の振り幅の大きい10年。
前向きに過ごすことが好調期を盛り上げます。

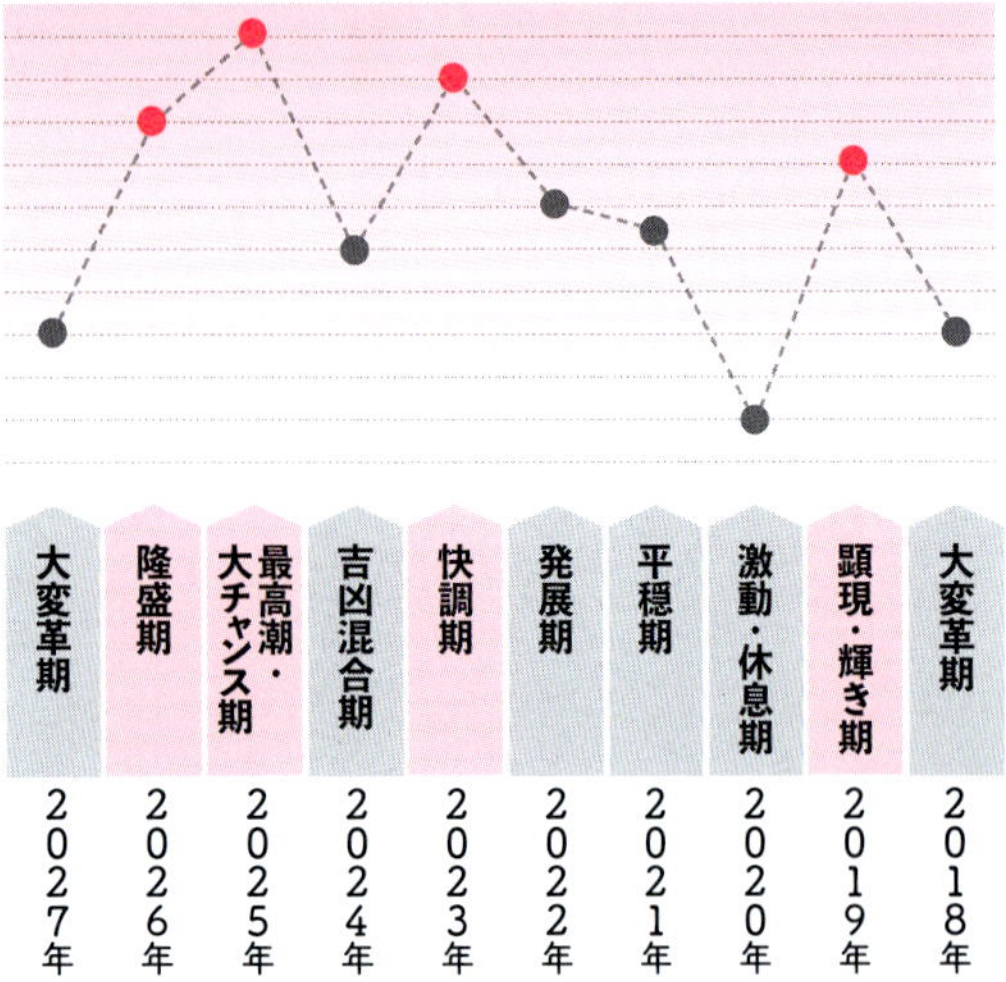

【2018年】大変革期

何かと迷いが多くなるかもしれません。早合点しがちなところがあるので、意識してじっくり考えて決める習慣を。物事が停滞してイライラしてしまうかもしれませんが、投げ出さずにじっくり待つことで、運気はどんどんひらけていきます。

【2019年】顕現・輝き期

頑張ってきたことに光が当たり、注目される年。あなたの魅力が輝き、仕事でも恋愛でも、多方面から声をかけられるでしょう。隠し事や秘密の恋などが露見しやすくなるので、知られたくないことは、これまで以上に慎重になって。

【2020年】激動・休息期

思い通りにいかないことが増えるかもしれません。ですが、この年は**これまでのことを振り返り、これから先の計画を立てるとき**です。イライラすることもありそうですが、決してヤケを起こさないでくださいね。運気上昇は目の前です。

【2021年】平穏期

徐々に運気の上昇を感じられるとき。モヤモヤしていたことがはっきり見えてきたり、やる気が湧いてきたりします。もしかしたら、仕事面で転職や異動などの変化があるかもしれません。それが、今後の開運に繋がる可能性大です。

【2022年】発展期

前向きなあなたですが、この時期はさらに意欲的になりそう。その**流れに乗って、何事にも果敢に挑戦していくといいですよ。**これまで躊躇してきたことは、この機会に勇気を出して挑戦を！　行ったことのない場所やお店も開運スポット。

【2023年】快調期

人間関係運、恋愛運が上昇していますので、**コミュニケーション力を発揮して、さらに開運していきましょう。**これまで中途半端で終わっていたことを再開させると結果に繋がります。自分でも思ってもみなかった好結果に終わる可能性大。

【2024年】吉凶混合期

あなたにスポットライトが当たる年。ただ、うれしくて有頂天になってしまうと、足元をすくわれる可能性もありますので、調子のいいときほど謙虚な態度を心がけてください。そうすれば、あなたの人気はさらに上昇していきます。

【2025年】最高潮・大チャンス期

何をやってもうまくいく絶好調期。輝くあなたに周囲からの人気も高まるでしょう。注目されて、好条件で仕事の引き抜きがあったり、恋愛も理想に近い異性を紹介してもらえたりしそう。**普段から、夢や希望を周囲に話しておきましょう。**

【2026年】隆盛期

人間関係運が活発になり、忙しい毎日を送りそう。金運もよく、入ってくるお金も多いのですが、調子に乗るとすぐに赤字になってしまうので注意。ただし、**交際費は気持ちよくつかってください。ご縁になってあなたのもとに戻ってきます**からね。

【2027年】大変革期

珍しく何かと迷うことが多くなるかもしれません。物事が停滞していると感じることもあるかもしれませんが、それは一時的なもの。ここであきらめたり、ヤケを起こしたりしなければ、大きな変化があなたを待っているでしょう。

四緑木星

ジェットコースターのような10年。低調期も真面目に過ごすことが開運の秘訣。

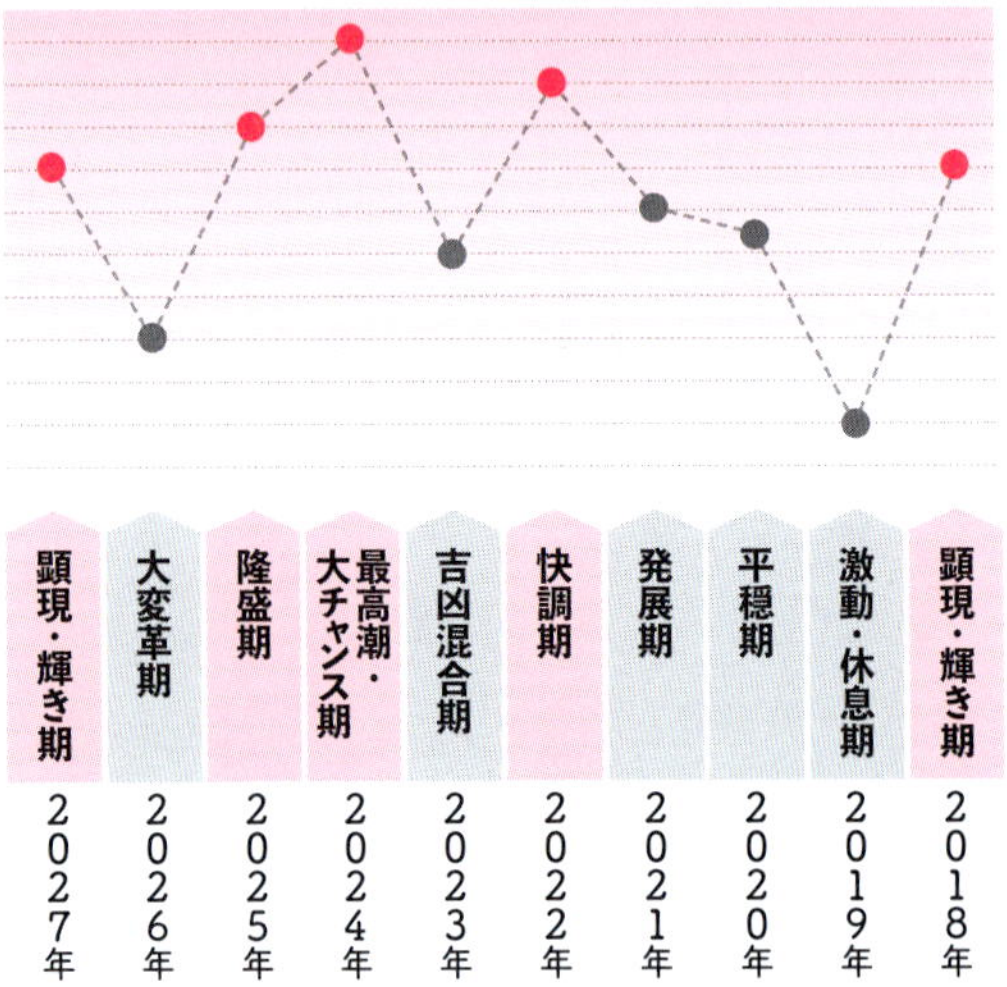

【2018年】顕現・輝き期

あなたの魅力が輝き、注目が集まるとき。器の大きさや面倒見のよさが、輝きとなってあなたを包みます。ただ、注目されると同時に、秘密にしていたことにまで光が当たってしまう可能性もありますので、気をつけてください。

【2019年】激動・休息期

何をやっても空回りしてしまう……と落ち込むようなことが続くかも。少しタイミングがズレやすくなっているようです。周囲に気をつかってばかりで、疲れているのかもしれません。ご自身をいたわることも忘れないでくださいね。

【2020年】平穏期

前年を静かに過ごしたあなたは、運が活気づいてくるのを感じるでしょう。仕事をはじめ、いろいろなことに意欲的に取り組みたくなるよう。ただ、まだ張り切りすぎてはいけませんよ。運気上昇のための土台づくりの1年にしてください。

【2021年】発展期
運気はどんどん上昇してきています。好奇心が高まり、いろいろなことに挑戦したくなるかもしれません。**「やってみたい！」と興味を持ったことには、どんどんチャレンジしてみましょう。**どれも好結果に繋がりやすいときです。

【2022年】快調期
これまで順調に進んできたことに結果が出るときです。周囲の協力もあり、たいていのことはうまくいくでしょう。また、恋愛運も活発で、新しい出逢いもありそうですし、恋人や伴侶との関係が深まるときでもあります。

【2023年】吉凶混合期
いつも周囲に気を配りながら、皆を支えてきたあなた。**周囲からの大注目を浴びて、「認められた」と満足できる1年に。**そんなあなたに甘えて、自分は楽をしようとする人も近づいてきますので、相手をしっかり見極めることも大切です。

【2024年】最高潮・大チャンス期
運気は一気に最高潮に。幸運が次々と起こり、しあわせをかみしめるでしょう。あなたの頑張りを見ていた人が高評価してくれ、好条件での引き抜きや昇給・昇格があったり、今後の人生に大影響を与える人物を紹介してもらえたりしそう。

【2025年】隆盛期
あなたの周りにはいつも人が集まり、楽しい時間を過ごしているでしょう。**金運もよく、思いがけない大金を手にする可能性も**あります。ただし、計画性を持ってつかわないと、気がついたら何も残らなかった……ということにもなりがちなので注意を。

【2026年】大変革期
運気が落ち着き、「このままでいいのだろうか？」「どうすればいいのだろう？」と悩むことも出てくるかもしれません。この年は、そうしたことをじっくり考えるのにいいときですよ。**あわてずに出した結論が開運に繋がります。**

【2027年】顕現・輝き期
あなたの功績が注目されるとき。突然、有名人になって戸惑うようなこともあるかもしれません。また、自分に自信を持つのはいいのですが、これまで以上に注目されていることを自覚して、責任を持った行動をしましょう。

五黄土星

運気は徐々に盛り上がっていきます。
協調性を大切にして、運気のダウンを最小限に。

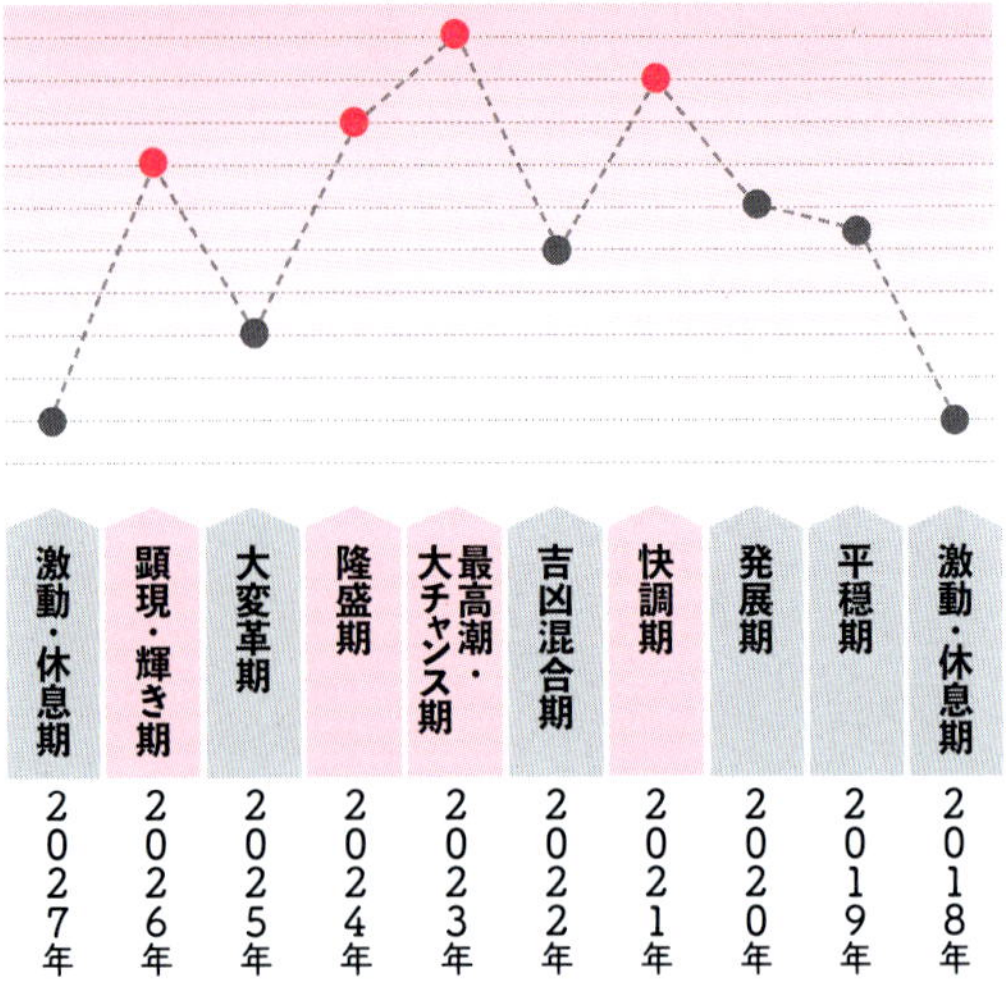

【2018年】激動・休息期

思うように事が進まず、イライラしたり、落ち込んだりすることがあるかもしれません。ですが、うまくいかないのは一時的なこと。この時期は、物事をいったんリセットしたり、冷静になって状況を見つめたりする時期と思って行動を。

【2019年】平穏期

運気は回復のきざし。前年にあせって行動したり、ヤケを起こさなかったりしたことが、開運に繋がっていきます。仕事やその他のことにも意欲が湧いてきて、頑張ろうという気持ちになってくるでしょう。前向きに過ごすことが開運の鍵に。

【2020年】発展期

気持ちがどんどん前向きに。今なら何でもうまくやれるような気がしてくるでしょう。その直感は当たっている可能性が高いですよ。**気になったことや、これまで興味はあったけれど手を出していないことがあれば、積極的に挑戦**しましょう。

【2021年】快調期

恋愛運が絶好調。**パートナーがいない人には出逢いがありますし、恋人のいる人は結婚へ、既婚者は伴侶との関係がますます深まるとき**です。おたがいに魅力を磨きながら輝いていけます。また、仕事でも高い成果を上げられるでしょう。

【2022年】吉凶混合期

これまでの過ごし方で両極端に分かれる運気。周囲に気をつかい順調に実績を積み上げていけば檜舞台に立てますし、年配者の話には耳も貸さず独断できた場合は、足元をすくわれて転落の道を辿ることになるかも。協調性を大切にして。

【2023年】最高潮・大チャンス期

仕事では昇給・昇格があったり、条件のいい引き抜きの話が出てきたりするかも。この時期は、**目上の人を尊敬して、礼儀正しい態度で接することが開運に繋がります。**正義感を振りかざしすぎないよう注意してくださいね。

【2024年】隆盛期

引き続き運気好調。人間関係運が活発になるので、お誘いには積極的に参加してください。**この年に得た人脈は、今後のあなたの人生にも大きな影響を与えてくれます**ので、大切にしていきましょう。食事を伴うパーティーにツキがあります。

【2025年】大変革期

決断力のあるあなたにしては珍しく、迷いが多くなるかもしれません。物事がこれまでのように進まなくても、決して誰かに当たったり、投げ出したりしてはいけませんよ。前向きな気持ちを忘れなければ、運気は徐々に上昇していきます。

【2026年】顕現・輝き期

あなたに注目する人が増えてくるこの年。よくも悪くも目立つときなので、チヤホヤされても調子に乗ることなく、慎重に行動することが、運を活かす秘訣です。リーダーシップを発揮したあなたに、周囲がついてくるでしょう。

【2027年】激動・休息期

前年までの好調運のまま過ごしていると、途中で「あれ？」「何か変だな？」と思うような壁にぶち当たることになりそう。運気が徐々に弱まっていく時期ですから、無理をしないで周囲との協調性を大切にして行動していきましょう。

六白金星

運気は中盤に大盛り上がりをみせます。後半は運気の振り幅が大きいので何事も慎重に。

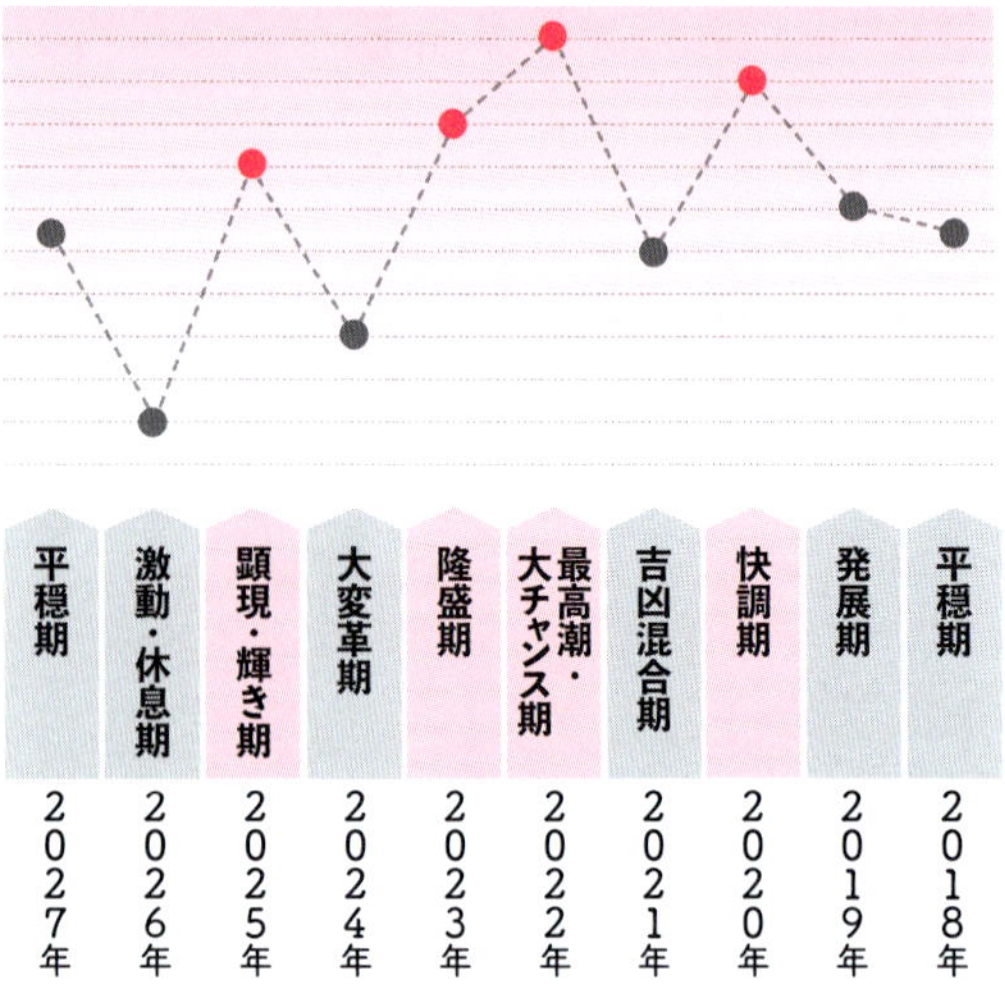

【2018年】平穏期

特に大きな問題もなく、平穏な毎日を送れそう。仕事でも家事でも、**毎日頑張っていることに対して、さらなるやる気が湧いてきます**よ。これからぐんぐんと運気が上昇していきますから、**何か新しい目標を立てるのもいいでしょう。**

【2019年】発展期

前年に引き続き、やる気がみなぎり、何事に対しても前向きな気持ちになるでしょう。**やりたいと思ったことは積極的にチャレンジするといい**ですよ。そこからあなたの新しい才能を発見できるかもしれません。初めての場所に開運の鍵あり。

【2020年】快調期

これまで続けてきたことに結果が出るとき。**成果が認められ、注目されるかも。**恋愛運も好調。恋人がいない人には出逢いが、恋人がいる人は結婚に向かって具体的な準備をはじめるのも吉。既婚の人は、伴侶との絆がますます深まります。

【2021年】吉凶混合期

自分の立てた理想に近づいていけるときです。周囲から一目おかれる存在になるかもしれませんが、その成功を自分だけの力で成し得たと思ってはいけませんよ。周囲からのバックアップにも感謝して、さらに精進していきましょう。

【2022年】最高潮・大チャンス期

何をやってもうまくいく大好調運。**あなたのこれまでの努力が認められます**。挑戦したいことがあれば、勇気を出して挑戦すると、いい結果が待っています。目上の人からの引き立ても期待できるので、夢や希望を伝えておくといいですよ。

【2023年】隆盛期

人間関係運が高まり、あちらこちらからお誘いの声がありそうです。**第一印象だけで相手を判断しないでつきあってみると、意外と趣味や気が合うことが判明したり、あなたの世界を広げてくれる人だったりする可能性大**です。

【2024年】大変革期

あなたの中で、何かが変わろうとしています。慎重なあなたのことですから、急激に変化することはありませんが、あきらめずに継続していくことで、その後、大きな変化に繋がっていきます。自分を信じて突き進んでいってください。

【2025年】顕現・輝き期

あなたの魅力が輝き出します。告白してくる異性もいそう。秘密の恋をしている人は、誰かに見られて秘密を暴露される……なんてこともあるかもしれませんので、注意が必要です。恋に限らず、隠し事にも光が当たってしまうときなので慎重な行動を。

【2026年】激動・休息期

これまで頑張ってきたあなたには休息が必要と、運気もひと休み。ですが、これは一時的なものなので、うまくいかないことがあっても心配しないで。一度初心にかえって、次の飛躍に向けての土台づくりをはじめるといいでしょう。

【2027年】平穏期

前年に固めた土台から、少しずつ運の新芽が育ちはじめます。やる気も徐々に湧いてきて、何をするのにも意欲的になれるでしょう。また、**仕事面で何かしらの変化があるかもしれません**。**前向きな転職は、躍進に繋がる可能性大**です。

七赤金星

運気は前半に輝きます。その輝きを保っていれば低調期でも急激な運気ダウンは避けられるはず。

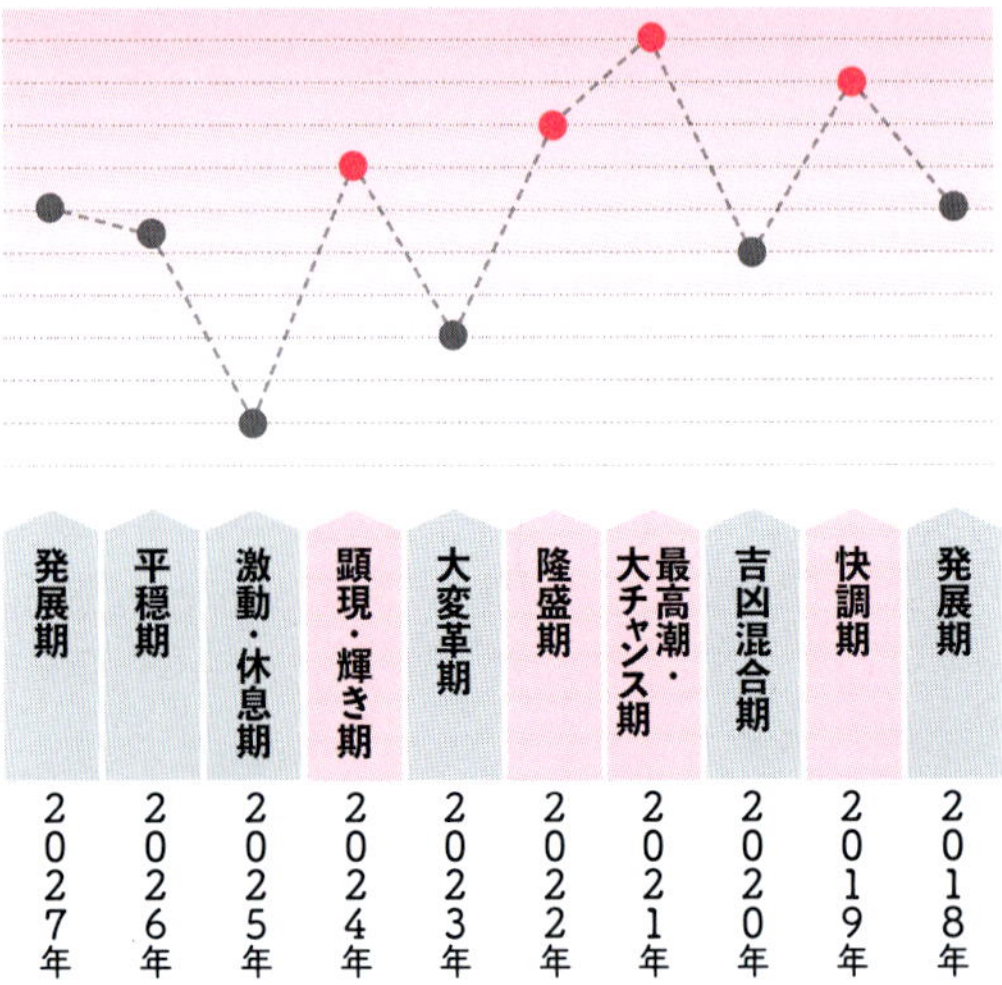

【2018年】発展期

これまで頑張ってきたことに光が射し、周囲から認められるとき。転職や引っ越しなど、新しい環境に身をおいたり、好奇心のおもむくまま、やったことのないことにチャレンジしたりするのも吉。前向きな行動がツキを呼びます。

【2019年】快調期

恋愛運が上昇しますので、恋人や伴侶との親密度がさらに深まっていきます。カップルには結婚話が持ち上がりそう。新しい出逢いにも期待ができますよ。よいことも悪いことも表面化しやすいので、油断大敵なときでもあります。

【2020年】吉凶混合期

「いよいよ自分の時代がやってきた!」。そう思える瞬間があるかもしれません。ただ、あなたの場合、調子に乗りすぎると足元をすくわれて、一気に転げ落ちてしまうおそれがありますので気をつけてください。謙虚な姿勢が大切です。

【2021年】最高潮・大チャンス期

あなたの頑張りが高く評価されたり、何をやっても思い通りに進んだりと、躍進の1年になりそう。サービス精神旺盛なあなたの人気も上昇するでしょう。どんなことでも自信を持ってチャレンジしてみると、成功する可能性大です。

【2022年】隆盛期

社交運が高まり、明るくて華やかなあなたの周りには、常に人が集まってきます。**あなたを中心に楽しそうな笑い声が聞こえる……そんな毎日を送ることができそうです。この年に知り合った人たちは、今後必ずあなたのことを助けてくれますよ。**

【2023年】大変革期

これまで順調だったことが、ここへきて少しパワーダウンするかもしれません。**何かと迷いが多いときですが、あせったり、短気を起こしたりしなければよい方向に進んでいきます。**一度冷静になって考えてみることで、正解が見えてきます。

【2024年】顕現・輝き期

スポットライトが当たり、華のあるあなたがさらに輝き出すでしょう。ただし、注目を集めることで、秘密にしていたことが周囲に知られることになる可能性も。チヤホヤされても調子に乗ることなく、大切にしてきたことはしっかり守っていきましょう。

【2025年】激動・休息期

運気は一時的に休息のときを迎えます。前年のままの気持ちでいると、何もかもが空回りしたり、真逆の結果になったりしてしまいがちなので注意。特に新しいことをはじめるときは、よく調べてからにするなど、慎重に行動してください。

【2026年】平穏期

なかなかやる気が起きなかった前年にくらべると、少しずつですが意欲が湧いてくるのを感じるとき。**仕事面では、大きな躍進があるかもしれません。**ただし、運気はまだ本調子ではないので、無茶や無謀は禁物。慎重かつ前向きに過ごしてください。

【2027年】発展期

気持ちが前向きになって、新しいことにどんどんチャレンジしたくなってきます。**持ち前の好奇心を発揮して、何事にも積極的に取り組んでいくといいですよ。初めて行く場所や、新しくはじめたことに開運の鍵が潜んでいます。**

八白土星

中盤は運気のひと休みがあるものの すぐに回復して、後半は急上昇！

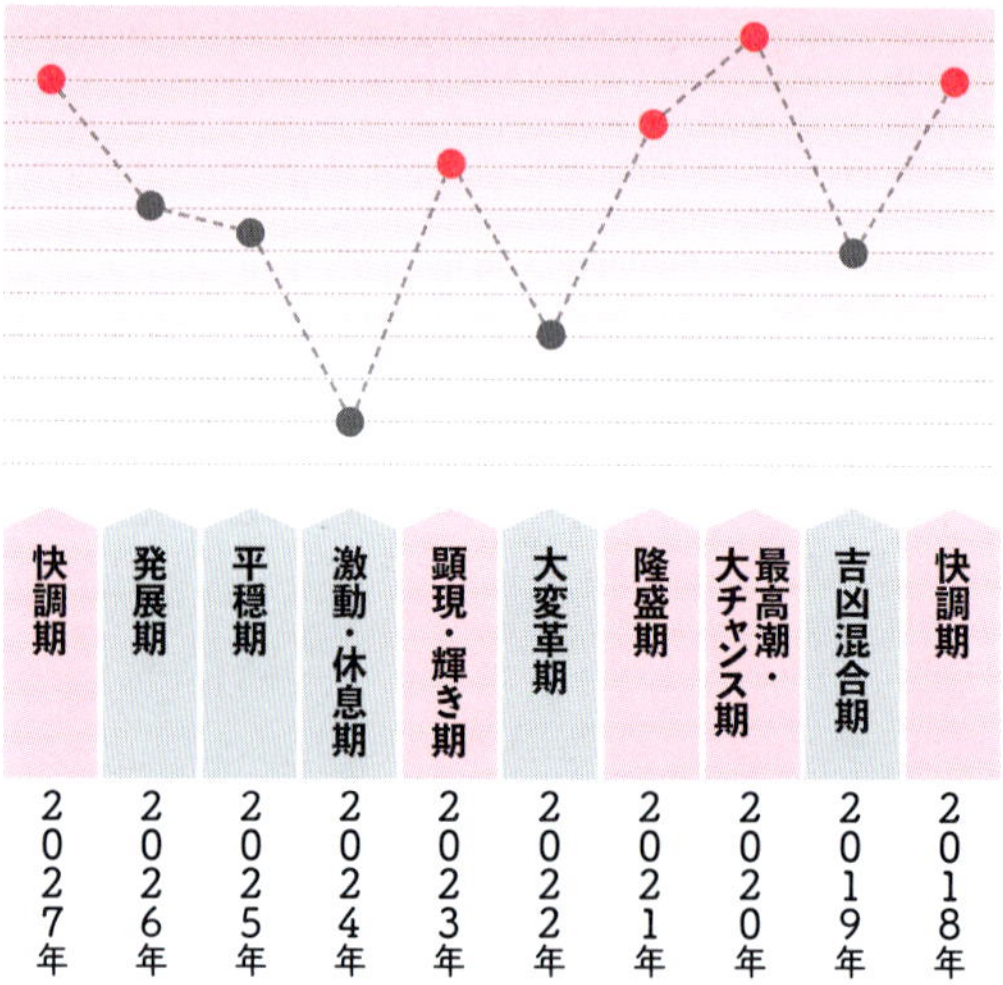

【2018年】快調期

恋愛運が最高潮なので、新しい出逢いがあったり、カップルには結婚話が持ち上がったり、伴侶との仲がさらに深まる出来事があったりと、しあわせな1年になりそう。恋愛以外でも、頑張って続けてきたことに大きな成果が出るときです。

【2019年】吉凶混合期

これまで続けてきたことが脚光を浴びて、一躍有名人になるかも。人前に出るのは苦手なあなたですが、この年は必要以上に謙遜しないことが開運の鍵。与えられた称賛は素直に受け止め、周囲の人への感謝の気持ちを忘れずに過ごして。

【2020年】最高潮・大チャンス期

何をやってもうまくいく、絶好調期。普段は控えめなあなたですが、この年は自分に自信を持って振る舞うことが、さらなる幸運を引き寄せます。あなたのことを応援してくれる人もいますから、安心してチャレンジしていきましょう。

【2021年】隆盛期

人間関係運が活発になり、人脈が広がるとき。この年に築いた人脈は今後のあなたに大きな影響を与えてくれます。出費の多い年ですが、交際費は出し惜しみしないで。浪費さえしなければ、収入も多いときなので、赤字になることはありません。

【2022年】大変革期

慎重で迷いがちなあなたですが、この年は特に、迷ったり悩んだりすることが多いかも。ですが、あなたが慎重に考えて出した結論に間違いはありません。結果はすぐには出ないかもしれませんが、決してあきらめず腰を据えて待っていて。

【2023年】顕現・輝き期

突然あなたにスポットライトが当たり、戸惑うようなことがあるかもしれません。あなたの魅力が輝くときでもありますので、気持ちよく流れに乗って過ごすといいですよ。ただし、大切なポイントは慎重に対処するようにしてください。

【2024年】激動・休息期

この年は、翌年からはじまる運気上昇を前に、エネルギーをためる1年だと考えてください。思い通りに事が進まないこともあるかもしれませんが、あなたのペースでコツコツ努力を重ねていけば、徐々に運気は回復に向かいます。

【2025年】平穏期

気力が戻ってきて、**これまで頑張ってきたことに手応えを感じることができる**でしょう。特に仕事面では、あなたの活躍が評価されて、新たなステップに進むことができるかもしれません。謙遜することなく評価は素直に受け止めましょう。

【2026年】発展期

新しいことへの意欲が湧いてきます。**この時期にはじめたことは、あなたの人生に大きな影響を与えたり、予想以上の成功を収めたりしそう。**やったことのないことに挑戦したり、行ったことのない場所を訪れたりするのも開運の鍵に。

【2027年】快調期

恋愛運、人間関係運にツキがあるので、いろいろな人と積極的に交流していくといいでしょう。カップルには結婚の話が持ち上がりそう。伴侶との関係もよく、しあわせを実感できそう。運命のお相手との出逢いも期待できます。

九紫火星

好調なスタートの10年。中盤はジェットコースターのような運気ですが徐々に上昇。

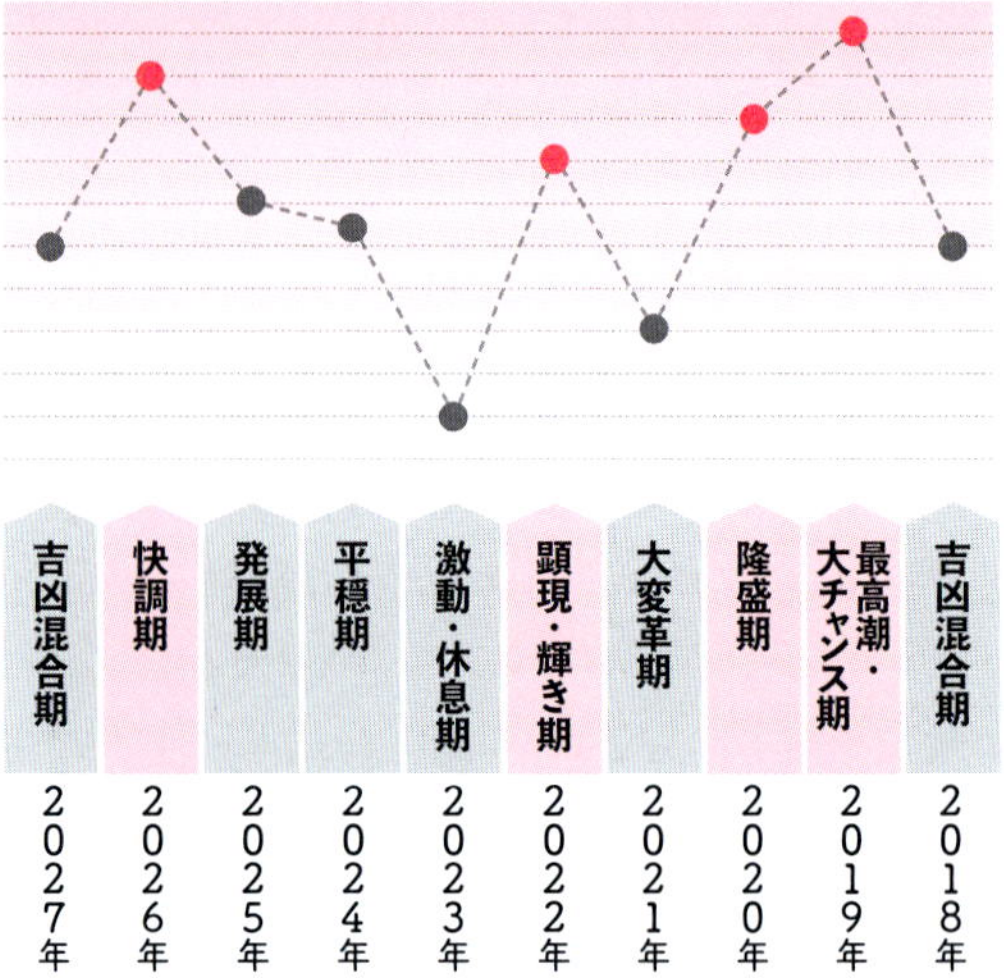

【2018年】吉凶混合期

運気は悪くないのですが、油断していると足元をすくわれたり、落とし穴にはまったりするようなとき。思い立ったら後先考えずに行動しがちなあなたですが、行動を起こす前に一度冷静になって考える時間をつくるようにしましょう。

【2019年】最高潮・大チャンス期

あなたにとって、**最高運気がやってきます。思いのままに行動しても大丈夫。**不思議なぐらいうまくいきますよ。この時期に動かないのはあなたらしくありません。**好奇心のアンテナを常に高く張って、興味を持った世界に飛び出しましょう。**

【2020年】隆盛期

あなたを中心に人間関係の輪が広がるとき。あなたが繋げる人脈もあれば、ひとつの目的のために集まってできる人脈もあります。この年に築いた信頼を大事に育てていくことで、あなたは大きな財産を得ることができるでしょう。

【2021年】大変革期

勘が鋭く決断力もあるあなたとしては珍しく、優柔不断になりそう。そこには、今後のあなたの人生を左右するような決断もあるかもしれません。何事も慎重に考えていくことが、開運の鍵に。停滞のあとには明るい未来が待っています。

【2022年】顕現・輝き期

スポットライトが当たり注目されるとき。何をやってもうまくいきますが、調子に乗りすぎると失言をしたり、ごまかしていたことを突っ込まれたりなど、窮地に追い込まれることもありますので気をつけて。真摯な姿勢を見せることが大切です。

【2023年】激動・休息期

運気が急下降したように思えるかもしれませんが、伏線は前年までに張られています。深く考えずに進めてしまったことに欠陥が見つかり、やり直すことになったり、失敗に終わったりしそう。分岐点に立ったときの冷静な判断が大切です。

【2024年】平穏期

新しい年がはじまると、あなたは自分を取り巻く運気の流れが変わったことに気がつくでしょう。**これまで停滞していたことが、一気に動き出すような「風」を感じるはず。**直感に従って行動していくと、成功に繋がる可能性大です。

【2025年】発展期

この年は、**あなたの好奇心を刺激するようなことがたくさんありそう。**いろいろなことに興味を持ち、積極的に挑戦していくことが、さらなるしあわせを招きます。特に、**初めて目にするものや、場所、出来事に幸運**が宿っています。

【2026年】快調期

恋愛運、結婚運が高まる時期、パートナーとの関係が進展して、しあわせを満喫できる年になりそう。新しい出逢いもあり、独身の人は電撃結婚の可能性も。**人間関係運も活発になり、そこから「新しい何か」が生まれるかも**しれません。

【2027年】吉凶混合期

何をやっても好結果を出せるのに、飽きっぽいところがあり、天下を取っても長く続きません。才能が認められ檜舞台に立てる年ですが、立った瞬間に満足して、みずから舞台を降りることも。それではせっかくの幸運を逃してしまいます。

《九星早見表》

九紫火星	八白土星	七赤金星	六白金星	五黄土星	四緑木星	三碧木星	二黒土星	一白水星
大正8年 1919年	大正9年 1920年	大正10年 1921年	大正11年 1922年	大正12年 1923年	大正13年 1924年	大正14年 1925年	大正15年 昭和元年 1926年	昭和2年 1927年
昭和3年 1928年	昭和4年 1929年	昭和5年 1930年	昭和6年 1931年	昭和7年 1932年	昭和8年 1933年	昭和9年 1934年	昭和10年 1935年	昭和11年 1936年
昭和12年 1937年	昭和13年 1938年	昭和14年 1939年	昭和15年 1940年	昭和16年 1941年	昭和17年 1942年	昭和18年 1943年	昭和19年 1944年	昭和20年 1945年
昭和21年 1946年	昭和22年 1947年	昭和23年 1948年	昭和24年 1949年	昭和25年 1950年	昭和26年 1951年	昭和27年 1952年	昭和28年 1953年	昭和29年 1954年
昭和30年 1955年	昭和31年 1956年	昭和32年 1957年	昭和33年 1958年	昭和34年 1959年	昭和35年 1960年	昭和36年 1961年	昭和37年 1962年	昭和38年 1963年
昭和39年 1964年	昭和40年 1965年	昭和41年 1966年	昭和42年 1967年	昭和43年 1968年	昭和44年 1969年	昭和45年 1970年	昭和46年 1971年	昭和47年 1972年
昭和48年 1973年	昭和49年 1974年	昭和50年 1975年	昭和51年 1976年	昭和52年 1977年	昭和53年 1978年	昭和54年 1979年	昭和55年 1980年	昭和56年 1981年
昭和57年 1982年	昭和58年 1983年	昭和59年 1984年	昭和60年 1985年	昭和61年 1986年	昭和62年 1987年	昭和63年 1988年	昭和64年 平成元年 1989年	平成2年 1990年
平成3年 1991年	平成4年 1992年	平成5年 1993年	平成6年 1994年	平成7年 1995年	平成8年 1996年	平成9年 1997年	平成10年 1998年	平成11年 1999年
平成12年 2000年	平成13年 2001年	平成14年 2002年	平成15年 2003年	平成16年 2004年	平成17年 2005年	平成18年 2006年	平成19年 2007年	平成20年 2008年
平成21年 2009年	平成22年 2010年	平成23年 2011年	平成24年 2012年	平成25年 2013年	平成26年 2014年	平成27年 2015年	平成28年 2016年	平成29年 2017年
平成30年 2018年	2019年	2020年	2021年	2022年	2023年	2024年	2025年	2026年

1月1日から節分までに生まれた人は、その前年生まれの人と同じ本命星（九星）になります。

の年の節分は2月4日、2025年は2月2日、それ以外の年は2月3日です。

おわりに

〜新宿の母が伝えたいこと〜

私の半生は、決していいことばかりではありませんでした。でも、つらかった過去の経験があったからこそ、相談者の親身になって寄り添えたアドバイスができ、私は「新宿の母」になれたのだと思います。「どんなに不幸な人でも、しあわせにしてあげたい」という想いだけで、今まで頑張ってこられたんです。

60年以上占い師をやってきましたが、もちろんずっと平穏無事だったわけではありません。特にひとりで街頭に立ちはじめた頃は、しょっちゅう道路交通法違反で罰金をとられましたし、他の占い師から嫌がらせを受けたことだってありました。つらくて何度も「辞めたい」と思ったけれど、実家からは勘当されていましたから帰る家もなく、仕事を辞めたら食べていくこともできない……。そう思って、頑張るしかなかった。私の人生は波瀾万丈だったけど、その経験があるから、相談に来る人たちの心の痛みもわかるし、「私もこんな経験があったのよ」って言ってあげられるんです。だから、占い師になって本当によかったって、心から思っています。

今は年齢的なこともあり、私は新宿の街頭には立っていませんが、そこでは息子である達也が、「新宿の母二代目　栗原達也」として悩める皆さんの相談に乗っています。ときどき、新宿の母を懐かしんで、「新宿の母は、お元気ですか？」「息子さんですか？　お母様には大変お世話になりました」と声をかけてくださる人もいらっしゃるんですって。あの場所にいなくても思い出してくれる、わざわざ息子を訪ねて言葉をかけてくれる……こんなにうれしいことはありません。

運の浮き沈みというのは、多かれ少なかれ、誰にでもあります。たとえば、いいことが続いているとよろこんでいたら、突然深いどん底に落とされるという場合もあれば、不運続きだった毎日に、ある日突然明るい光が射し込むことだってあります。不運が続くのは「しあわせの前ぶれだ」と思う人もいるみたいですね。運気の波に上手に乗って、調子がいいからといってうぬぼれたりせず、「よくないことばかり起こる」と必要以上に落ち込むことなく、過ごしていきましょう。

しあわせというのは、誰かが運んできてくれるものではありません。あなた自身がつくっていくものです。私の占いは、そのためのお手伝いをしているだけ。それでも、ずいぶんたくさんの人たちのお役に立てたと思っていますよ。そして、あなたの人生のしあわせづくりは、これからもずっと生涯続いていきます。

あなたは必ずしあわせになります。しあわせになりましょうね。

二〇一八年六月吉日

新宿の母　栗原すみ子

栗原すみ子（くりはら・すみこ）

昭和５年、七赤金星、午年生まれ。５歳のときに父と死別、貧しさの中に育つ。結婚後も子どもの死、離婚など、人生の苦悩を経験するが、持ち前のバイタリティーで占いの世界へ。厳しい修行の後、昭和33年新宿の街頭で占い師として独立。そのエネルギッシュで思いやりあふれるアドバイスで、いつしか「新宿の母」と呼ばれるようになる。
以来、新宿の街に55年以上立ち続け、その後は事務所で鑑定をおこなうようになり60年。リピーターも多く、親子三代にわたって訪れる人も。その数はのべ420万人以上にのぼる。

公式ホームページ　http://www.shinjyukunohaha.co.jp/
インターネット占いコンテンツ 「【占歴58年の極的中】驚天動地『伝説の占い師』新宿の母◆栗原すみ子」は、Yahoo!、nifty、楽天、biglobe、excite でご覧いただけます。
携帯占い 「新宿の母」は、docomo、au、SoftBank 各社でお楽しみいただけます。

新宿《しんじゅく》の母《はは》が伝《つた》えたいこと
しあわせになろうね

発行日　2018年6月28日　第1刷発行

著　者　栗原すみ子
発行者　酒井文人
発行所　株式会社 説話社
〒169-8077　東京都新宿区西早稲田1-1-6
電話／03-3204-8288（販売）03-3204-5185（編集）
振替口座／00160-8-69378
URL　http://www.setsuwa.co.jp/
印刷・製本　日経印刷株式会社

ISBN978-4-906828-45-6　C2011